Franz von Assisi

Die Demut Gottes

Reihe
Klassiker der Meditation

Franz von Assisi

Die Demut Gottes

Meditationen, Lieder, Gebete

Ausgewählt, übersetzt, kommentiert
und eingeleitet von
Anton Rotzetter und Elisabeth Hug

Benziger Verlag
Zürich und Düsseldorf

Die Deutsche Bibliothek – CIP-Einheitsaufnahme

Franciscus <Assisias>:
Die Demut Gottes: Meditationen, Lieder, Gebete / [Franz von Assisi]. Ausgew., übers., kommentiert und eingeleitet von Anton Rotzetter und Elisabeth Hug. – Zürich; Düsseldorf: Benziger, 1999
(Reihe Klassiker der Meditation; 14)
ISBN 3-545-20319-0

Satz: Fotosatz Moers, Mönchengladbach
Druck und Bindung: Freiburger Graphische Betriebe, Freiburg i. Br.
ISBN 3-545-20319-0

Inhalt

Vorwort

Es freut mich, daß mein vor über zwanzig Jahren zum ersten Mal erschienenes Buch eine ganze Reihe von Auflagen erreicht hat und auch heute noch seine Leser findet. Es war wohl zum ersten Mal im deutschen Sprachgebiet, daß ein Autor versuchte, die poetischen Teile der Texte, die auf Franz von Assisi zurückgehen, aus dem Kontext herauszulösen und gesondert herauszugeben.

Das Echo der Fachleute war durchwegs positiv, und viele, welche Inspirationen für das persönliche Beten und die Gottesdienstgestaltung suchen, greifen auch heute noch gerne nach dem Buch.

Inzwischen hat sich meine Sicht des Dichters Franziskus von Assisi erweitert und vertieft. Er war nicht der naive Mann, der nur in unkontrollierten Wortauswürfen Gott loben konnte. Noch mehr als damals erweist er sich mir als ein großer Komponist, als einer, der seine Gedanken kunstvoll und gefällig zusammenstellen und aufs Wesentliche hin verdichten konnte. Sein Passionsoffizium und sein Sonnengesang, Texte, zu denen ich unterdessen Studien und Bücher geschrieben habe, sind dafür die besten Beweise.

Aber auch inhaltlich geht mir immer mehr auf, wie zentral der Begriff «Demut» ist, der dem Buch den Titel gegeben hat. Er ist nicht nur die Mitte im Denken des heiligen Franz, sondern auch ein Kernbegriff des christlichen Glaubens. Ich bin froh, daß ich mich damals gegen die durchgesetzt habe, welche dem Buch einen anderen Titel geben wollten. Der Begriff steht zwar quer zu vielem, was sich heute modern gibt. Aber nichts braucht unsere Zeit mehr als die «humilitas», wie «Demut» lateinisch heißt: die Verbundenheit mit dem Humus der Erde, aus der wir stammen und zu der wir zurückkehren müssen. Und wenn sich selbst Gott mit dieser Erde verbindet, wenn er sich erdet, was gibt es dann noch zu sagen? Was von Gott? Und was von der Erde?

Altdorf, Februar 1999 *Anton Rotzetter*

EINLEITUNG

1. Textauswahl und Übersetzung

Franz von Assisi gehört zur immer noch unbewältigten Vergangenheit der Kirche. Er ist und bleibt eine Gestalt, mit der man sich auseinandersetzen muß. Um der Zukunft der Kirche willen.

Das setzt vor allem die Kenntnis der *Geschichte* voraus. Die Biographie des Heiligen muß historisch abgesichert werden. Seine Schriften wollen auf Echtheit überprüft und in den ideengeschichtlichen Zusammenhang gestellt werden. Diesem Bemühen unterziehen sich unzählige Forscher. Kajetan Eßer und Oktavian Schmucki sollen hier mit besonderem Dank genannt werden, stellvertretend für viele.

Auch der Nichthistoriker soll unmittelbaren Zugang zur Geschichte haben. Das vorliegende Buch will und kann keine Biographie ersetzen. Auch nicht die Quellenschriften, welche die deutschen Franziskaner im Dietrich-Coelde-Verlag in Werl/Westfalen herausgeben. Wer den «ganzen» Franziskus haben will, muß zu diesen Quellen greifen. Dort hat er nicht bloß einen Ausschnitt eines Briefes, nicht bloß Zitate aus einer Regel. Dort kann der Kontext eingesehen werden.

Dieses Buch dient einem anderen Bedürfnis. Es will nicht in kritischer Distanz zum Heiligen stehen, sondern zum *Nachvollzug* einladen: zu individueller oder gemeinschaftlicher Meditation, zum Gebrauch in Liturgie und beim persönlichen Gebet. Die *Textauswahl* ist darum subjektiv. Auswahlkriterium ist die Meditation.

In einem ersten Teil wird die *Meditation in den franziskanischen Lebensstil* eingebettet. Das verhindert eine einseitige und isolierte Betrachtung der Meditation. Gleichzeitig ist diesem Teil auch so etwas wie eine franziskanische Meditationstheorie zu entnehmen. Allerdings ist Franziskus jede Theorie verdächtig. Auf den Vollzug kommt es an.

Dem *Vollzug* ist der zweite und gewichtigere Teil gewidmet. Er enthält ein Meditationsbild, Schriftmeditationen, Lieder, Gebete und das Testament. Zu den in den Schriften des Franz von Assisi als Lieder und Gebete überlieferten Texten tritt eine Vielzahl anderer, die aus dem Kontext eines Briefes oder einer Regel herausgelöst wurden. Bei Franz von Assisi sind nämlich zwei Sprachebenen feststellbar. Auf der einen disponiert und beschreibt er in objektiver Distanz. Wo ihm dabei der Name «Jesus» oder «Gott» begegnet, springt er auf eine höhere Sprachebene: Die Gewalt der Begegnung drängt ihn zu einem Gebet, einem Lied, einem Ausruf. Solche Eruptionen des religiösen Genies können verselbständigt und zum Nachvollzug angeboten werden. Die Sammlung ist erweitert um einige Texte, die nicht den Schriften, sondern anderen Quellen entnommen sind.

Auch die *Übersetzung* folgt nicht so sehr dem historischen Interesse. Sie will den Nachvollzug erleichtern. Darum müssen Dinge, die dem Historiker lieb sind, geopfert werden. Es gehört zum Beispiel zur Eigenart des Heiligen, daß er nahezu jeden Satz mit «und» beginnt. Wo dies nicht der Fall ist, zweifelt der Historiker an der Echtheit des Satzes. Für den Nachvollzug in Meditation und Liturgie ist die Gefälligkeit der Sprache wichtiger als historische Genauigkeit. Wo es allerdings geht, wahren wir die ursprüngliche Wortstellung und die Wortakzente innerhalb eines Satzes. Maßgebend für die Übersetzung ist, was die Sprachgestalt betrifft, unser eigenes Sprachgefühl und, was den Inhalt betrifft, die historisch gesicherte Spiritualität des Franz von Assisi.

Auch die *Darstellung* will dem Nachvollzug dienen. Wir haben uns im zweiten Teil von poetischen Grundsätzen leiten lassen: Vers und Strophe. Für das Vorlesen und Nachlesen ist es wichtig, innerhalb eines Satzes nur zögernd die nächste Linie anzugehen, nach einem Satz kurz, nach einer Strophe länger einzuhalten.

Die Meditation und das Gebet des Franziskus können nicht von seinem Charakter gelöst werden. Darum sollen *zwei Essays* als Einführung dienen, die beide die Leibhaftigkeit des Franz von Assisi zum Inhalt haben. Diese Verleiblichung wird sich auch in Meditations- und Gebetshaltungen übersetzen.

Der *Titel* ist einem Lied des Heiligen entnommen (109). Er ist in zweifacher Hinsicht von Bedeutung. Zunächst zeigt er das zentrale Thema franziskanischer Meditation an, das zugleich auch das zentrale Thema der franziskanischen Verkündigung ist: die Demut Gottes. Meditation und Aktion haben so im Titel eine greifbare Einheit gefunden. Aber auch in einer zweiten Hinsicht wird die Einheit deutlich: Die Mitte des franziskanischen Lebensprogrammes ist die Demut und die Armut Christi, die in alle Konkretheiten des Lebens übersetzt werden wollen. So drückt der Titel auch die Einheit von Meditation und Lebenspraxis aus. Bei Franziskus kommt immer das Ganze zu Gesicht. Wo man ihn anrührt, berührt man die Mitte: die Demut Gottes – Gott, der sich nicht durch Wunder und Macht kundtut, sondern durch Kreuz und Ohnmacht. Dieser Demut Gottes muß der Mensch sich beugen.

2. Kurzbiographie

Franz von Assisi als Sohn eines reichen Kaufmanns 1181/82 in friedloser Zeit geboren. Mit 17 Jahren hineingerissen in den Aufstand der Stadt gegen die Feudalherren: Die stolze Burg wird zerstört. Gleich anschließend: Bürgerkrieg zwischen reich und arm, danach Krieg zwischen Perugia und

Assisi. Franz gerät in Kriegsgefangenschaft. Zeit zum Nachdenken.

Zurückgekehrt nach Hause, stellt eine lange, zehrende Krankheit alles in Frage. Der Sinn des Lebens ist verdunkelt.

1205: Franziskus will sich in den Dienst der päpstlichen Truppen stellen. Gegen den Kaiser. Auf dem Weg dahin trifft ihn die Erkenntnis: Da ist ein anderer Herr, der auf seine Dienste wartet.

Ein Jahr später: In San Damiano, einem zerfallenden Kirchlein in der Nähe von Assisi, hört er: Du mußt meine Kirche wiederaufbauen. Er tut es. Danach auch die Kirche San Pietro und jene von Portiuncula. Der Vater enteignet ihn. Er ist froh: Jetzt ist er arm mit den Armen.

1209: Franz entdeckt das Evangelium. Der Sinn seines Lebens ist ihm gegeben. Er findet Brüder, für die er einige Kernsätze aus dem Evangelium herausgreift und sie zur Regel macht. Der Papst bestätigt sie.

Eine vielfältige Reiselust treibt ihn durch ganz Italien. Eine geplante Reise nach Syrien endet wegen Schiffbruchs an der dalmatischen Küste, eine andere nach Marokko wegen Krankheit in Spanien. 1219 gelingt eine Reise in den Orient: In Damiette sucht er ein Kreuzfahrerheer von einer Schlacht abzuhalten. In Ägypten trifft er den Sultan Malek el Khamil. Er ist voll Friedenswillen: Er stiftet Frieden in Assisi, Bologna, Siena, Arezzo… Zuletzt durch den Sonnengesang.

Er verfaßt ihn 1224, von Krankheiten und Schmerzen geplagt, von einem Trachom, einer schmerzhaften Augenentzündung, von chronischer Malaria, von einem Milztumor und einer Lebervergrößerung, von Darm- und Magengeschwüren, von einer schweren Anämie, von Depression und Zweifeln.

Er stirbt am 3. Oktober 1226, gezeichnet mit den Malen des Kreuzes.

3. Wie Franziskus sein Leben inszeniert

Ein Charakterzug des Franziskus fasziniert: sein Drang, sich selbst in Szene zu setzen und sich spielerisch zu entdecken. Etwa wenn er ein Holzscheit nimmt und mit einem Reisig darüberstreicht und so seine innere Gefühlswelt in eine imaginäre Musik umsetzt. Oder wenn er eine Schneefrau und Schneekinder formt, um sich selber die eigenen Möglichkeiten vorzuhalten und Lust und Versuchbarkeit zu bewältigen. Oder wenn er sich am Strick durch die Straßen von Assisi führen läßt, um die Inkonsequenz seines Lebens an den Pranger zu stellen. Oder wenn er sich auf den Boden legt und einen Bruder heißt, ihm auf den Mund zu stehen, um der eigenen Geschwätzigkeit Einhalt zu gebieten.

Dieser Drang ist jedoch nicht bloß anekdotenhaft belegt. Er kann auch grundsätzlicher gesehen werden und als Interpretationsfigur dienen. Der Mensch kommt ja nicht als fertiges Wesen auf die Welt. Er wird in einem langandauernden Prozeß, in einem ständigen Sich-Empfangen und Selbst-Erzeugen. Er kann und darf nie zufrieden sein mit dem, was er ist. Er muß immer darüber hinauswollen. Er darf sich auch nicht abfinden mit der vorgegebenen Welt und den damit verbundenen Zwängen. Er wird sich im Spiel eine neue Welt entdecken und schaffen. Er darf sich in Freiheit über das erheben, was ist. Er muß die Zukunft erkunden und, falls sie trägt, in Wirklichkeit umsetzen.

Von diesem Gedanken her kann das Leben des heiligen Franziskus neu erzählt werden.

Das Jugendkönigspiel

Zunächst setzt Franziskus in Szene, was ihm seine Eltern als Möglichkeit vorgegeben haben. Er ist reich. Warum sollte er diesen Reichtum nicht ausspielen? Er wirft mit dem Geld nur noch so um sich. Er gibt große Gelage und Bankette. Kauft sich die Gunst seiner Generation. Singend, spielend, tanzend zieht er mit ihr durch die Gassen der Stadt. Da kommt ihm der Gedanke, die Grenzen ein wenig zu verschieben und über die Verhältnisse zu leben. Geld bedeutet doch Macht. Warum sollte er sich nicht einmal in der Rolle eines Fürsten, ja eines Königs versuchen? Er kleidet sich in fürstliche Gewänder. Will gleichsam erspüren, ob in ihm noch etwas anderes steckt als der Sohn des Pietro Bernardone. Spielerisch erfahren, ob es ihm in der Haut eines Königs, eines über alle materiellen Mittel verfügenden Mannes wohl ist. Und da entdeckt er: viel Lärm um nichts. Tanz um das Goldene Kalb. Sein Singen ist oberflächlich, kommt nicht aus der Tiefe. Hinter Reichtum und Macht verbergen sich Hohlheit und Leere. Nein, er ist nicht zum König geboren, nicht zum Reichen, nicht zum Fürsten, nicht zum Mächtigen. Aber wozu denn? Und trägt überhaupt, was die Eltern in seine Wiege gelegt haben? In solchem Sinnen sondert er sich von seinen Kameraden ab. Das Spiel verliert seinen Reiz. Es enthält keinerlei Möglichkeit, sein Leben zu gestalten. Er muß seine Zukunft anderswo suchen.

Das Ritterspiel

Franziskus gerät in Kriegswirren zwischen Perugia und Assisi. Er erleidet Niederlage, Schmach und Gefangenschaft. In falscher Einschätzung seiner Herkunft pfercht man ihn mit Rittern zusammen. Dort, oder bald danach während der Krankheit, kommt ihm ein neuer Gedanke. Vielleicht ist er zum Ritter geboren? Vielleicht kann er im Einsatz für die gerechte Sache, im Schutz der Witwen und Waisen, im kriegerischen Engagement für Kirche und Papst, Ruhm und Ehre erwerben?

Einmal auszuprobieren, wie es ihm in dieser Rolle zumute ist! Er läßt sich anwerben, kauft sich Pferd und Rüstung und stürzt sich in Montur.

Die Rolle wird ihm bald einmal ungemütlich. Und in jenem Zustand zwischen Tag und Nacht, in dem alle Dinge klar hervortreten, wird es ihm deutlich. Wem rennt er denn nach? Wer ist denn dieser Walter von Brienne? Ist der nicht bloß ein Handlanger wie er selbst, nur vielleicht ein wenig höher oben? Sind nicht alle Befehlshaber bloß Knechte, Spielzeuge der Geschichte, hin und her gerückt wie Schachfiguren, eingebunden in eine bestimmte Konstellation von Zufälligkeiten? Sind sie nicht auch bloß Kreatur, vom Herrn und Schöpfer des Alls abhängig? Müßte er nicht viel mehr diesem dienen als jenem?

Auch die Ritterrolle paßt also nicht zu ihm. Dieses Spiel kann er nicht mitmachen. Es enthält nichts, was er zum Leben erwecken könnte.

Das Bettlerspiel

Vielleicht sollte er einmal in entgegengesetzter Richtung suchen? Er denkt an ein Bettlerspiel. In Assisi, wo ihn alle Welt kennt, kann er es aber nicht spielen. Das geht nur in einer Stadt, in der er unbekannt ist. Er könnte eine Wallfahrt nach Rom machen.

Gesagt, getan. Er pilgert zu den Apostelgräbern, wo es von Bettlern nur so wimmelt. Zunächst regt er sich über die Knausrigkeit der Leute auf: Das ist doch unvereinbar mit der Hochherzigkeit, der Schwester der Religion. Man kann nicht Gott die Ehre geben und die Bettler links liegenlassen. Er wirft darum seine pralle Geldbörse demonstrativ durch die Öffnung des Altars. Der Lärm schreckt alle Frommen hoch, erregt Aufsehen und Verwunderung. Unter dem Blick aller verläßt er die Kirche.

Vor Sankt Peter wagt er nun sein eigentliches, schon zu Hause angedachtes Spiel. Er will wissen, was ein Bettler ist und ob er selber einer ist. Darum geht er auf einen von ihnen zu. Gegen viel Geld soll dieser ihm seine Lumpen borgen. Franziskus zieht sie an und verbringt einen ganzen Tag bettelnd unter Bettlern. Bei ihnen ist ihm wohl. Er bettelt auf französisch. Immer wenn ihm wohl ist, singt oder spricht er Französisch. Das Spiel offenbart: Im Grunde ist er nichts anderes als ein Bettler. Und sind nicht alle Menschen letztlich Bettler und von Gottes Gaben überschüttet? Bettlersein ist also seine Zukunft. Diese Möglichkeit will er, wenn er in Assisi zurück ist, in Wirklichkeit umsetzen. Aus dem Spiel muß der Ernst seines Lebens werden. Er will arm sein unter Armen, will sich freuen, unter gewöhnlichen und verachteten Leuten zu leben, unter Armen, Schwachen, Kranken, Aussätzigen und Bettlern am Wege. Und wenn es notwendig sein sollte, dann will auch er betteln.

Wie ihm vor der Stadt Assisi ein Aussätziger begegnet, tut er sich Gewalt an. Er steigt vom Pferd und küßt ihn. Fortan ist er der Freund, Vertraute und Diener der Aussätzigen und Bettler.

Das Kirchenbauspiel

Franziskus muß weiter suchen. Er kann sich nicht zufriedengeben mit den Möglichkeiten, die ihm das Bettlerspiel aufgezeigt hat. Eines Tages betet er in einem zerfallenen Kirchlein, in San Damiano. Plötzlich ist ihm, als ob Christus ihn vom Kreuz herunter ganz persönlich anspräche: Die Kirche zerfällt und muß wieder aufgebaut werden.

Franziskus ein Kirchenbauer? Ausprobieren, ob diese Rolle zu ihm paßt! Zunächst macht er Geld seines Vaters flüssig. Doch bald darauf versucht er es einmal anders. Er bettelt Stein um Stein zusammen. Und allen, die geben, verheißt er die Kostbarkeit des Himmels. Er lädt seine ehemaligen Gespielen ein mitzuhelfen. Bei ihnen erntet er Spott und Hohn. Man zeigt mit Fingern auf ihn, den Narren, Verrückten, Wahnsinnigen. Er hält lange durch, bis er drei Kirchen in Assisi und Umgebung wiederhergestellt hat.

Allmählich geht ihm auf: Er ist kein Bauherr. Wenigstens nicht in dem Sinn, wie er es aufgefaßt hat. Aber vielleicht in einem viel tieferen Sinn? Christus geht es doch um Menschen, nicht um Steine und Mauern. Muß er nicht in einem anderen Sinn Kirche bauen? Etwa die Kirche der Armen wiederherstellen? Das ist es. Er muß Gemeinschaft bauen, in der Christus lebt. Er muß die Blinden, Lahmen, Stummen, Verachteten, die Bettler, Sünder und Toten sammeln, damit sie in der Begegnung mit Christus ungeahnte Wunder erleben.

Das Neue-Geburt-Spiel

Je weiter Franziskus seinen Spielraum absteckt und je konkreter sein Leben dadurch wird, um so mehr gerät er in Gegensatz zu seiner Umwelt. Er entspricht nicht mehr der Norm. Die Gesellschaft versteht ihn nicht mehr. Am wenigsten sein Vater, der sich hintergangen und sein Geld veruntreut sieht. Er will seinen Sohn wieder in seine Obhut und in sein Konzept zwingen. Sogar mit Hilfe eines Richterspruchs.

Am meisten fühlt wohl Franziskus, daß er nicht mehr in diese Welt paßt. Er weicht ja von allem ab, was als normal und vernünftig gilt. Und wie ihn sein Vater vor Gericht zitiert und ein arges Spiel mit ihm treiben will, inszeniert er ein anderes Spiel. Er hat das Bedürfnis, alles abzuwaschen, was ihm vom alten Menschen noch bleibt. Er will ausbrechen aus den Wertvorstellungen der Gesellschaft. Die Bande zerreißen, die ihn an die Familie und an die Stadt ketten. Er will noch einmal geboren werden, ganz anders, so daß er dann wirklich lebt, nicht bloß dahindöst wie alle anderen.

Diese Gedanken setzt er nun in Szene. Er mißachtet die Einladung des weltlichen Gerichts. Er nutzt die Möglichkeit, die ihm das damalige Recht gibt, und unterstellt sich der kirchlichen Gerichtsbarkeit. Die Verhandlungen sind öffentlich und vor dem Bischof. Die Anklage lautet auf Veruntreuung des väterlichen Gutes. Franziskus läßt sie über sich ergehen. Nun wäre es an ihm, sich zu verteidigen. Doch die Leute sehen und hören etwas gänzlich Unerwartetes: Er wirft das Geld, das er noch bei sich hat, dem Vater vor die Füße. Dazu die Kleider, Stück für Stück – bis er völlig nackt dasteht. Denn nackt ist er aus dem Leib seiner Mutter gekommen. Nackt vollzieht sich auch die Geburt des neuen Menschen. Bis jetzt hat sein Vater Pietro Bernardone geheißen. Von nun an ist Gott sein Vater. Niemand sonst. Er wird nie mehr von seinem irdischen Vater reden. Und sollte es später einmal zur Gründung einer Gemeinschaft kommen, dann muß sie vaterlos sein. Nur Gott kann Vater sein.

Es ist ihm wohl in der Haut des neuen Menschen. Darum verläßt er frohgemut die Stadt, französische Lieder singend. Er zieht durch einen Wald, sein Herz jauchzt. Er hat nichts mehr zu eigen, aber alles gemeinsam mit der ganzen Schöpfung. Er hat die Enge der Familie hinter sich gelassen und die Weite der Welt gewonnen. Einem mürrischen und geizigen Vater den Rücken gekehrt und sich einem immer guten und überall vorsehenden Vater zugewandt. Sein Herz singt vom Teilen, von weltweiter Brüderlichkeit, von Frieden und Gerechtigkeit, von Gottes Gnade, vom neuen Menschen und einer neuen Welt.

Da kommen drei Räuber auf ihn zu. Warum er singe und wer er sei, fragen sie. «Ich bin der Herold des Großen Königs.» Das bleibt ihnen unverständlich. Sie spotten und werfen ihn in den Straßengraben. Unbeirrt zieht Franziskus weiter. Er singt und singt und singt, ein Leben lang, zuletzt den Sonnengesang.

Das Evangelium-Spiel

Die dramatische Inszenierung der neuen Geburt vor dem Bischof hat Franziskus ein neues Lebensgefühl gegeben. Es mangelt ihm aber noch an Stil. Franziskus entdeckt ihn mehr oder weniger zufällig im Wortgottesdienst an einem Apostelfest. Leben wie die Apostel: umsonst, arm, die Welt Gottes ansagend, Frieden bringend, Kranke heilend, böse Geister und den vielfältigen Tod austreibend.

Pietro Catani und Bernardo da Quintavalle kommen hinzu. Nun sind sie so viele, wie es braucht, um eine Gemeinschaft zu sein. Da greift Franziskus wieder zum Mittel des Spiels. Er will den Brüdern die gleichen Stellen aus den Aussendungsreden zeigen, die ihn getroffen haben, oder mindestens ähnliche. Christus soll das Wort haben, nicht er. Aber wie soll er die betreffenden Stellen finden, unerfahren und ungebildet wie er ist? Sie gehen zusammen in die Kirche San Nicolo beim Marktplatz. Ihr Spiel beginnt mit einem Gebet: Christus möge das Wort haben, er solle in alle Worte eintreten, die sie einander sagen. Dann schlagen sie aufs Geratewohl dreimal hintereinander das Evangelium auf. Jedesmal hören sie Worte, die sie zur Norm ihres Lebens machen. Alles findet einen Abschluß im Dankgebet. Eine kleine liturgische Feier, ein Spiel, das die Gemeinschaft zusammenkittet. So bekommt sie einen einzigen Willen und ein einziges Ideal.

Das Christi-Geburt-Spiel

Seit ihm sein Lebensstil im Evangelium konkret und offen daliegt, kommt er von ihm nicht mehr los. Immer lebendiger wird ihm das Antlitz Jesu, immer eindringlicher seine Worte, immer faszinierender sein Leben. Was er von Christus in sich trägt, ist lebendiger und wirklicher als der Boden, auf dem er geht.

Eines Tages kommt ihm eine Idee. Er könnte die Geburt Jesu inszenieren. Er will sich selbst und einer möglichst großen Menschenmenge vor Augen führen, was hinter diesem Geschehen steht. Er organisiert einen Stall mit Futterkrippe und Heu, einen Ochsen und einen Esel, ein Elternpaar mit einem kleinen Kind. Und dann kommen mitten in der Nacht die Leute mit Kerzen und Fackeln. Alles wird hell, auch die finsterste Nacht des Menschen. Die Leute werden froh und frei, singen, jubeln, beten. Millionenfach schallt es zurück aus dem Wald und von den Felsen. Mit leiblichen Augen sehen sie: Gott ist der Demütige. Er leuchtet auf in dem, was das Gegenteil von ihm ist: Das Kleine ist kostbar, das Zerbrechliche stark, die Hilflosigkeit allmächtig. Der bittersten Not gebührt der größte Reichtum. Das Leiden offenbart die Liebe, der Tod das Leben. Das Spiel macht deutlich: Jeder muß sich lassen, sich weggeben in den Raum der Demut und Armut Gottes. Aus diesem Spiel muß Ernst werden. Es enthält ungeahnte und unausschöpfbare Möglichkeiten: die Nachfolge Christi.

Das Christi-Tod-Spiel

Seit dem Kirchenbauspiel ist Franziskus vom Kreuze gezeichnet. Seither versenkt er sich immer wieder in das Geheimnis des Leidens. Er leidet am Leiden Christi und der Welt. Überall sieht er Christus, den Erniedrigten, Gedemütigten, Gekreuzigten.

Wie Franziskus seine Kräfte schwinden spürt, wie ihm Demütigung und Verrat von der Kirche und seinem Orden zugefügt werden, zieht er sich nach La Verna, seinem Golgota, zurück. Dort will er die letzte Szene seines Lebens vorbereiten. Er denkt sich so sehr in Christus hinein, daß er Christus wird: An seinen Händen und Füßen und an seiner Seite zeigen sich die Wundmale Jesu. So gezeichnet kehrt er nach Assisi zurück.

In Portiuncula inszeniert er seinen Tod. Seine geliebte Jakoba von Settesoli muß kommen mit seinem Lieblingsgebäck. Er versammelt seine Brüder um sich und feiert sein letztes Abendmahl. Er läßt sich Brot geben, segnet es, bricht es und gibt jedem ein Stück davon. Dann läßt er sich die Passionsgeschichte nach Johannes vorlesen, angefangen bei der Fußwaschung. Schließlich läßt er sich nackt auf den Boden legen. Denn auch Christus hing nackt am Kreuz. Singend empfängt er den Tod.

4. So greifbar als möglich mit leiblichen Augen schauen

Franz von Assisi ist einmal das Christussymbol des Mittelalters genannt worden. Eine Gestalt also, bei der man nicht stehen bleiben darf und die ohne Jesus von Nazaret schlechterdings unverständlich ist. Ein Mensch, der inmitten der Wirkungen steht, die von Jesus ausgegangen sind und die dem Abendland ein grundlegend neues Gesicht gegeben haben. Eine dieser Wirkungen soll zunächst herausgestellt werden.

Christliche Wirklichkeitsdeutung

Eines scheint gewiß zu sein: Die vorchristliche Literatur des Abendlandes unterscheidet sich von der christlichen nicht nur dem Inhalt nach, sondern auch in bezug auf den Stil, auf die Art und Weise, wie man die Wirklichkeit darstellt. Die Literatur, die noch nicht unter der Wirkungsgeschichte Jesu stand, konnte das alltägliche Leben nur komisch oder tragisch oder aber bloß vordergründig-unverbindlich darstellen. Solche Literatur kann nur analysiert, nicht aber gedeutet werden. Was nun die abendländische Literatur allmählich innerlich verändert, ist «die Geschichte Christi, mit ihrer rücksichtslosen Mischung von alltäglich Wirklichem und höchster, erhabendster Tragik, die die antike Stilregel überwältigte» (E. Auerbach). Jetzt bekommt das Alltägliche eine Tiefendimension, einen ins Unendliche fliehenden Hintergrund, eine über das Einzelne hinausreichende universelle Problematik, eine Verbindlichkeit und einen Anspruch, der auch den Leser mit einbezieht. So wirken sich Menschwerdung und Passion auf die Art und Weise aus, wie man die Wirklichkeit als Ganzes und das Alltägliche im Besonderen deutet und darstellt. Die Darstellung der Wirklichkeit wird realistischer und problematischer, gleichzeitig hintergründiger und der Deutung bedürftig.

Franz von Assisi

Die Menschwerdung und die Passion Christi werden nun im 12. und 13. Jahrhundert geschichtsmächtiger. Diese Demut Gottes begründet den Lebensstil, den Franz von Assisi für sich und seine Jünger wählt. Vielleicht darf man sogar sagen, daß die Wirkungsgeschichte der zentralen christologischen Aussagen in Franz von Assisi einen ersten Höhepunkt erreicht, der nicht mehr rückgängig gemacht werden kann. In Franziskus verdichten sich weltzugewandte Frömmigkeit, Bewußtsein des Laien und Sinnenhaftigkeit – gleichsam als Vorwegnahme späterer Entwicklungen.

Das Bild

Hier wurzelt der Drang des Heiligen, innere Vorgänge ins Bild zu setzen.

In das *Tonbild:* Franz von Assisi hat zu seinen Texten Melodien komponiert, die leider verloren sind.

In das *Wortbild:* Eine ganze Reihe hervorragender Dichtungen, unter anderem der Sonnengesang, tragen seinen Namen. Das Gleichnis gehört zu seinen Stilmitteln. Etwa wenn er den Orden mit einem Fischer vergleicht, der seine Netze ins Wasser wirft, oder mit Obst, das zuerst süß ist und wohlschmeckend, dann aber durch mindere Qualität ersetzt wird, oder mit einem allgemeinen Konzil, zu dem Weise und Einfältige aus allen Teilen der Welt unter einer Lebensform zusammentreten. Sich selber vergleicht er mit einer Glucke, die die zahllosen Küken nicht mehr unter ihren Flügeln vereinigen kann, oder mit einer ärmlichen Frau, die in der Wüste einem großen König viele Söhne geboren hat.

In das *Schaubild:* szenische Darstellungen noch und noch (vgl. dazu: Wie Franziskus sein Leben inszeniert). Die Inszenierung der Krippenfeier begründet er so: «Ich möchte nämlich das Gedächtnis an jenes Kind begehen, das in Betlehem geboren wurde, und ich möchte die bittere Not, die es schon als kleines Kind zu leiden hatte, wie es in eine Krippe gelegt, an der Ochs und Esel standen, und wie es auf Heu gebettet wurde, so greifbar als möglich mit leiblichen Augen schauen» (Thomas von Celano). Das ist ein Glaube mit Händen und Füßen. Inneres will nach außen treten, sich inkarnieren, verleiblichen, ganzheitlich vollzogen und erlebt werden. Äußeres (Ton, Wort und Szene) steht für Inneres, Verbindliches, Immergültiges – zum sinnenhaften Nach- und Mitvollzug. Schauen ist immer engagiertes Sehen.

Jesus von Nazaret

Das eben erwähnte Schaubild von Greccio zeigt, wie Franz von Assisi Jesus von Nazaret deutet. Es besteht ja grundsätzlich die Möglichkeit, nur an ihn heranzusehen, einfach oberflächlich und vordergründig an der Fassade dieses Menschen stehenzubleiben. Diese keine Deutung zulassende Möglichkeit, Jesus zu sehen, nennt Franziskus geistloses Sehen. Nach ihm kann Jesus ebenso wie die Eucharistie nur im Geiste, aber dennoch mit leiblichen Augen geschaut werden. So tut sich nicht nur das Vordergründige, ein Aspekt, sondern das Wesen selbst kund. Jesus ist nicht losgelöst von Gott, sondern seine Gegenwart, sein unserem Greifen und Tasten preisgegebenes Bild. Sein Menschsein ist dem gläubigen Schauen und Deuten stets aufgegeben, weil sich die Demut Gottes diesen Weg aussuchte, um dem Menschen zu begegnen. «Nichts haben und sehen wir leiblich in dieser Welt von Ihm, dem Höchsten, außer den Leib und das Blut, die Namen und die Worte, durch die wir geschaffen sind und errettet aus dem Tod ins Leben» (Text 112). Das menschliche Leben Jesu bzw. die eucharistischen Zeichen von Brot und Wein sind das Bild, das Gott unserem Schauen anheimgibt und das über sich hinausweist und das deutende Verstehen fordert. Franz von Assisi trägt dieses Bild stets in sich wie ein Verliebter und erkennt darum in allem, was sich seinem Auge darbietet, immer nur den Einen: Der Kieselstein, das Lamm, der Wurm, die Wurzel, der Aussätzige, der Arme, das Kind, der Mensch – alles repräsentiert ihm Jesus von Nazaret. Alles trägt das Bild seines Geliebten, alles wird zum Symbol.

Die Welt als Symbol

Man hat darum die franziskanische Weltdeutung auch schon als Symbolismus charakterisiert. Da steht kein einziges Ding isoliert und ohne Bezug auf Christus und Gott. Die ganze Welt ist ein einziges Geflecht von verwandtschaftlichen Beziehungen, brüderlich und schwesterlich miteinander verbunden und, obwohl geschaffen und nicht Gott, göttlich. Das Einzelne wie das Ganze der Schöpfung besteht nur, insofern Gott in ihm ist und bleibt. Das Sichtbare ist Bild des Unsichtbaren, das Greifbare Symbol einer geistigen Wirklichkeit. Das Physikalische und das Geistliche sind zwei Dimensionen des einen Universums. Die Wirklichkeit des Universums nimmt darum nur wahr, wer das Ganze schaut und besingt – so wie Franziskus im Sonnengesang. Die Schöpfung weist über sich hinaus, weil sie wesentlich Bild ist und also nur als Bild richtig begriffen wird. «In jedem Kunstwerk lobte er den Künstler. Was er in der geschaffenen Welt fand, führte er zurück auf den Schöpfer. Er frohlockte in allen Werken über die Hände des Herrn, und durch das, was sich seinem Auge an Lieblichem bot, schaute er hindurch auf den lebenspendenden Urgrund der Dinge. Er erkannte im Schönen den Schönsten selbst; alles Gute rief ihm zu: ‹Der uns erschaffen, ist der Beste!› Auf den Spuren, die den Dingen eingeprägt sind, folgte er überall dem Geliebten nach und machte alles zu einer Leiter, um auf ihr zu seinem Thron zu gelangen» (Thomas von Celano). Daß Franziskus dabei die Dinge auch als einzelne gelten läßt und ihre unaustauschbare Einzigartigkeit wahrnimmt, ist selbstverständlich, ja sogar Bedingung dafür, daß sie auch noch etwas anderes zur Sprache bringen können. Die Dinge dürfen also nicht in der Größe Gottes versinken und verwesen, sondern bleiben, was sie sind, als so und nicht anders geschaffene.

Franziskanische Theologie und Legende

Ist es verwunderlich, wenn diese Weltschau und -deutung in der Gefolgschaft von Franz besonders ausgebildet wurde? Wenn Bonaventura neben dem Wahren und Guten auch das Schöne in das Zentrum seines Denkens rückt? Wenn auch er eine Art Sonnengesang schreibt, indem er selbst die sinnlichen Daseinsvollzüge des Menschen als Ort des Glaubens und der Gottbegegnung versteht? Wenn der Mensch schon am Zarten, Schönen, Klangvollen, am

Wohlriechenden und Wohlschmeckenden in Ekstase, in Jubel und Tanz gerät, weil sich darin Gottes Gnade anzeigt? Ist es verwunderlich, wenn Bonaventuras Denken immer weniger Schlußfolgerung, dafür immer mehr Schauen wird? Wenn sich seine Bücher zum Entzücken selbst des modernen Lesers immer mehr der schönen Literatur angleichen?

Ist es nicht erklärbar, daß sich die abendländische Malerei an Franz von Assisi entzündet und an ihm neue Impulse gewinnt? Daß sich der Heilige von Assisi nicht nur mit einem eigenen Werk, dem Sonnengesang, sondern auch durch die Fioretti, in denen er selbst der Mittelpunkt ist, einen unverlierbaren Platz in der altitalienischen Dichtung errungen hat? Hier wird Franziskus selbst zum Bild. In vielen Legenden verbindet sich Immergültiges, Verbindliches, Nachzuvollziehendes, Immergegenwärtiges mit einer sterblichen Gestalt und mit dem Anekdotischen. Es kann und muß geschehen, daß einer im Namen Christi alle Sicherheiten verläßt und sich der Gefahr aussetzt, um mit seinem versöhnenden Wesen und mit innerer Kraft allein die Welt zu wandeln und Rettung zu bringen (Wolf von Gubbio). Es kann und muß geschehen, daß die Menschenfreundlichkeit Gottes durch die Franziskaner bedingungs- und voraussetzungslos gelebt wird (Versöhnung mit Raubmördern in Monte Casale). Es kann und muß geschehen, daß einer bereit ist, die Last aller zu tragen, und daß alle einer Gemeinschaft sich in die Verantwortung teilen wollen. Es kann und wird geschehen, daß ein Mensch in der Vielgestaltigkeit menschlicher Wege im Vertrauen auf Gott Orientierung und Weisung erfährt (Franziskus und Bruder Masseo).

Hier ist so ziemlich alles erfunden, der Ort und das Geschehen. Trotzdem ist alles wahr. Denn was Franziskus und seine Jünger im Innersten waren, wird hier ins Bild gesetzt, in eine erzählende Geschichte, in der er und sein Anspruch so lange gegenwärtig bleiben, wie die Geschichten erzählt und gelesen werden.

Auch in der theologischen und literarischen Arbeit soll das Anliegen des Franz von Assisi durchgehalten werden, nämlich: «so greifbar als möglich mit leiblichen Augen schauen» und zur Anschauung bringen.

I. DER FRANZISKANISCHE LEBENSSTIL

Die gegensätzlichsten Dinge sind in Franz von Assisi zur Einheit gebracht. Er gilt als Patron der Katholischen Aktion, als Klassiker christlicher Aktivität. Mit gleichem Recht darf er als Klassiker der Meditation bezeichnet werden. Man vergewaltigt und verrät ihn, sieht man bloß das eine und unterschlägt das andere. Darum ist die franziskanische Meditation im Rahmen des ganzen franziskanischen Lebensstils zu sehen und darzustellen.

Der franziskanische Lebensstil ist vor allem greifbar in den verschiedensten Regeln, die Franz im Laufe der Zeit (1209–1223) geschrieben hat. Zuerst sind es bloß einige Sätze aus dem Evangelium und ein paar unbedingt notwendige Bestimmungen, die das gemeinsame Leben regeln wollen. Diese *Urregel* ist in ihrer Gestalt flexibel, nicht etwas ein für allemal Abgeschlossenes. Die Meditation vertieft. Neue Situationen verlangen nach konkreter Anwendung und Anpassung. Gefahren fordern Signale, Gelegenheiten Appelle, kirchliche Ereignisse Gefolgschaft. So wächst der kleine und bescheidene Anfang zu einem umfangreichen Werk an, in dem die redaktionellen Spuren deutlich sichtbar bleiben. Für jeden Interpreten ist diese 1221 abgeschlossene Geschichte der sogenannten *Regula non bullata* der Spielplatz, auf dem sich wissenschaftliche Fantasie und Meisterschaft tummeln können. Es ist die Regel, die das Leben schrieb. Für kirchliche Kreise ist sie zu wenig faßbar, zu weitschweifig, zu spirituell. Darum verfaßt Franz eine zweite Regel (1223), die durch eine päpstliche Bulle bestätigt wird und heute noch die Grundlage der Franziskanerorden ist *(Regula bullata)*. Daß er vorher noch eine andere verfaßt haben soll, die von böswilligen Brüdern vernichtet wurde, ist wohl in das Reich frommer

Fantasie zu verbannen. Zu sehr ist in diesen Schriften das Interesse festzustellen, daß Franziskus ein zweiter Mose ist und darum auch ein ähnliches Schicksal haben muß.

Wenn die Regula non bullata genauer untersucht wird, lassen sich fünf Kernsätze oder Stichworte ausmachen, mit denen man den franziskanischen Lebensstil umschreiben könnte: Evangelium, Gehorsam, Armut, Welt, Kirche. Dieses «Fünf-Punkte-Programm» soll nun textlich belegt und kommentiert werden.

1. Das Evangelium

Die Aussendungsrede

Diese Zwölf sandte Jesus aus und trug ihnen auf: 1

Geht und verkündet
Das Himmelreich ist nahe
Heilt Kranke
Weckt Tote auf
Macht Aussätzige rein
Treibt Dämonen aus

Umsonst habt ihr empfangen
Umsonst sollt ihr geben

Steckt nicht Gold Silber und Kupfermünzen in euren Gürtel
Nehmt keine Vorratstasche mit auf den Weg
Kein zweites Hemd keine Schuhe
Keinen Wanderstab
Denn wer arbeitet hat Anspruch auf Unterhalt

Wenn ihr in eine Stadt kommt oder in ein Dorf
Erkundigt euch wer es wert ist euch aufzunehmen
Bei ihm bleibt bis ihr weiterzieht
Wenn ihr in ein Haus kommt
Dann wünscht ihm Frieden
Wenn das Haus es wert ist soll der Friede
Den ihr ihm wünscht bei ihm einkehren
Ist das Haus es aber nicht wert
Dann soll der Friede zu euch zurückkehren
Wenn man euch in einem Haus oder in einer Stadt

Nicht aufnimmt
Und eure Worte nicht hören will
Geht weg und schüttelt den Staub von euren Füßen

Ich sende euch wie Schafe mitten unter Wölfe
Seid daher klug wie die Schlangen
Und arglos wie die Tauben

Ein Jünger steht nicht über seinem Meister
Und ein Knecht nicht über seinem Herrn
Der Jünger muß sich damit begnügen
Daß es ihm geht wie seinem Meister
Und der Knecht daß es ihm geht wie seinem Herrn
Wenn man schon den Herrn des Hauses
Beelzebul genannt hat
Um wieviel mehr
Wird man dann seine Hausgenossen verteufeln

Fürchtet euch nicht vor denen die den Leib töten
Die Seele aber nicht töten können
Fürchtet euch vor dem
Der Seele und Leib
Ins Verderben stürzen kann
Verkauft man nicht zwei Spatzen
Für ein paar Pfennig
Und doch fällt keiner von ihnen zur Erde
Ohne den Willen eures Vaters
Bei euch aber
Sind sogar die Haare auf dem Kopf gezählt
Fürchtet euch also nicht

Ich seid mehr wert als alle Spatzen zusammen
Wer sich nun vor den Menschen zu mir bekennt
Zu dem werde auch ich mich

Vor dem Vater im Himmel bekennen
Wer mich aber vor den Menschen verleugnet
Den werde auch ich
Vor meinem Vater im Himmel verleugnen
Wer Vater oder Mutter mehr liebt als mich
Ist meiner nicht würdig
Wer Sohn oder Tochter mehr liebt als mich
Ist meiner nicht würdig
Und wer nicht sein Kreuz auf sich nimmt
Und mir nachfolgt
Ist meiner nicht würdig
Wer das Leben gewinnen will wird es verlieren
Wer aber das Leben um meinetwillen verliert
Wird es gewinnen

Mt 10,5–14.16.24–25.28–33.37–39

Die Seligpreisungen

Wohl denen die vor Gott arm sind 2
Denn ihnen gehört das Himmelreich

Wohl denen die trauern
Denn sie werden getröstet werden

Wohl denen die keine Gewalt anwenden
Denn sie werden das Land erben

Wohl denen die hungern und dürsten
Nach der Gerechtigkeit
Denn sie werden satt werden

Wohl denen die barmherzig sind
Denn sie werden Erbarmen finden

Wohl denen die ein reines Herz haben
Denn sie werden Gott sehen

Wohl denen die Frieden stiften
Denn sie werden Söhne Gottes genannt werden

Wohl denen die um der Gerechtigkeit willen
Verfolgt werden
Denn ihnen gehört das Himmelreich

Wohl euch wenn ihr um meinetwillen
Beschimpft und verfolgt
Und auf alle Weise verleumdet werdet
Freut euch und jubelt
Euer Lohn im Himmel wird groß sein — Mt 5,3–12

Der Gewaltverzicht

3 Ihr habt gehört daß gesagt wurde
Aug um Aug und Zahn um Zahn
Ich aber sage euch
Leistet dem der euch etwas Böses antut
Keinen Widerstand
Sondern
Wenn dich einer auf die rechte Wange schlägt
Dann halt ihm auch die andere hin
Und wenn dich einer vor Gericht bringen will
Um dir das Hemd wegzunehmen
Dann laß ihm auch den Mantel
Und wenn dich einer zwingen will
Eine Meile mit ihm zu gehen dann geh zwei mit ihm
Wer dich bittet dem gib
Und wer von dir borgen will den weise nicht ab

Mt 5,38–42

Das Vertrauen

Sorgt euch nicht um euer Leben 4
Und darum daß ihr etwas zu essen habt
Noch um euren Leib
Und darum daß ihr etwas anzuziehen habt
Ist nicht das Leben wichtiger als die Nahrung
Und der Leib wichtiger als die Kleidung

Seht euch die Vögel an
Sie säen nicht sie ernten nicht
Und sammeln keine Vorräte
Euer himmlischer Vater ernährt sie
Seid ihr nicht viel mehr wert als sie
Wer von euch kann mit all seiner Sorge
Sein Leben auch nur
Um eine kleine Zeitspanne verlängern

Und was sorgt ihr euch um eure Kleidung
Lernt von den Lilien des Feldes
Sie arbeiten nicht und weben nicht
Doch ich sage euch
Selbst Salomo in all seiner Pracht
War nicht gekleidet wie eine von ihnen
Wenn aber Gott schon das Gras so prächtig kleidet
Das heute auf dem Felde steht
Und morgen ins Feuer geworfen wird
Um wieviel mehr dann euch ihr Kleingläubigen

Macht euch also keine Sorgen und fragt nicht
Was sollen wir essen
Was sollen wir trinken
Was sollen wir anziehen
Denn um all das geht es den Heiden

Euer Vater im Himmel weiß daß ihr das alles braucht
Euch soll es zuerst um sein Reich
Und seine Gerechtigkeit gehen
Dann wird euch alles andere dazugegeben
Sorgt euch also nicht um morgen
Denn der morgige Tag wird für sich selber sorgen
Jeder Tag hat genug eigene Plage Mt 6,25–34

Jahrelang wird Franz von Assisi getrieben von der Frage nach dem Sinn seines Lebens: Im Gefängnis in Perugia, wieder zu Hause als schwerkranker Mann, in nächtlicher Unruhe auf dem Weg nach Apulien in Spoleto, im väterlichen Tuchladen, beim Gebet in Höhlen und Kirchen, vor dem Kreuz in San Damiano – überall und immer wieder lichtet sich etwas vom Sinn, der seinem Leben vorgegeben ist. Aber erst 1208 oder 1209, nach fünf oder sechs Jahren Ringen und Suchen, offenbart sich das Ganze. Der genaue Tag scheint heute eher ungewisser als noch vor einigen Jahren. Sicher ein Tag, an dem in der Kirche die *Aussendungsrede Jesu* verlesen wurde. Franz hört es. Alle Blindheit ist weg: «Das ist es, was ich suche. Das will ich von Herzen tun.» Endlich hat er seinen Lebensstil gefunden: *die Lebensform der Apostel.*

Die Aussendungsrede ist der Ausgangspunkt seines Lebens, die Mitte, zu der er in Gebet und Meditation immer wieder zurückkehrt. Jeder Satz findet in seinem Leben ein nachweisbares Echo. Sie könnte als franziskanisches Evangelium bezeichnet werden, als Leben und Regel der Minderbrüder. Darum steht sie an der Spitze unserer Textauswahl, zusammen mit drei anderen Texten aus dem Matthäusevangelium, die einen ähnlichen Widerhall in Leben und Werk des Heiligen finden.

Die Regel will also keine eigene Autorität beanspruchen. Sie weist über sich hinaus auf das Evangelium, dem in allem wortwörtlich zu gehorchen ist. «Der neue Grundsatz, mit dem Franz das lauwarme Christentum der Kasuisten umstieß, lautete: *Sine glossa* – er hört das Wort ohne den Zaun der Erklärungen, die es abmildern, ungefährlich, harmlos machen wollen. Er hört es ohne die akademischen Spitzfindigkeiten, die es zu einem Streitobjekt der Gelehrten machen, das weit in der Ferne von unserem wirklichen Leben liegt. Er hört es und nimmt es so, wie es gesagt ist, als Anrede, mit der der Herr ohne Wenn und Aber mich ganz persönlich meint» (J. Ratzinger). Diese Identität von Regel und Evangelium betont Franz noch einmal in seinem Testament (148).

Leben und Regel

Dies ist die Regel und das Leben der Brüder: Im Gehorsam 5
leben, ehelos und ohne Eigentum, der Lehre unseres Herrn Jesus Christus und Seinen Spuren nachfolgen. 23,1,1

Wir wollen uns halten an Sein Wort, das Leben, die Lehre 6
und Sein heiliges Evangelium. Er hatte die Güte, für uns einzutreten bei Seinem Vater und uns Seinen Namen zu offenbaren. 23,22,41

Das Evangelium ist Leben, außerhalb des Evangeliums ist Tod (7). Das kommt nun auch in der Charakterisierung der Regel als Leben zum Ausdruck. In der *Regula non bullata* wählt Franz vierzehnmal das Wort «Leben», aber bloß zweimal und immer in Verbindung mit «Leben» «Regel». Interessant sind dabei zwei Dinge:

Es würde Franziskus nie einfallen zu sagen: Die Regel ist unser Leben. Umgekehrt muß es sein: *Das Leben ist die Regel.* Gemeint ist jenes Leben, das von Christus ausgeht und die Grunderfahrungen, Sinngebungen, Inspirationen der ersten Franziskanergeneration prägt. Darum ist die Regel nicht ein Text, den man befolgen müßte, nicht ein juristischer Begriff, sondern der schriftliche Ausdruck des Lebens. Erst eine spätere Zeit wird ein juristisches Mißverständnis und damit einen tödlichen und sterilen Juridismus bringen. Wenn die Regel vom dahinterstehenden Leben getrennt wird, wird sie zum Buchstaben, der tötet.

In Text 5 sind die drei evangelischen Räte genannt. Auf Verlangen und Anregung der päpstlichen Kurie. Aber sie belegen nicht das Bewußtsein des Franz von Assisi und dienen nicht als Formprinzipien zur Abfassung der Regel. Das ist von einiger Tragweite. Franziskus und seine Gemeinschaft werden damit in die Ordensgeschichte eingefügt. Mit allen anderen Orden zusammen werden sie eine solidarische Geschichte haben. Doch ist der franziskanische Lebensstil etwas anderes und mehr: eine Lebensform aus eigener Inspiration. Sie kann sich mit dem Ordensleben verbinden, aber ebenso mit der Existenz und Lebensweise des Laien (Dritter Orden, Laiengemeinschaft).

Nichts anderes

7 Wir haben die Welt verlassen. Darum haben wir jetzt nichts anderes zu tun, als dem Willen des Herrn zu folgen und Ihm zu gefallen. Wir wollen uns sehr in acht nehmen, daß wir nicht Erdboden entlang des Weges, noch steiniger, noch dorniger Acker sind. Der Herr sagt im Evangelium: Der Same ist das Wort Gottes (Lk 8,11). Der Same fällt bei denen auf Erdboden entlang des Weges und wird zertreten (Lk 8,5), die das Wort hören (Lk 8,12) und es nicht verstehen (Mt 13,19). Deswegen, Brüder, lassen wir, wie der Herr gesagt hat, die Toten ihre Toten begraben (Mt 8,22).

23,22,9–18

In der Bibel und in der ersten Zeit der Kirche meint «Bekehrung» den Übergang vom Unglauben zum Glauben, vom Heiden- oder Judentum zum Christentum. Etwa vom 4. Jahrhundert an verschiebt sich die Bedeutung auf einen andern Vorgang. Er meint dann den Übergang von einem vermaßten und unverbindlichen Christentum zu den engagierten Formen des Ordenslebens. Darum bedeutet «die Welt verlassen» die radikale und kompromißlose Zuwendung zum Evangelium – hier in der Form des franziskanischen Lebensstils. Diese Zuwendung will in Ausschließlichkeit gelebt werden. Es dürfen keine Intentionen und Zielvorstellungen zum Zuge kommen, die nicht aus dem Evangelium stammen. Darum ist das Evangelium stets zu hören, zu bedenken und zu meditieren. Die franziskanische Gemeinschaft darf nichts anderes sein wollen als fruchtbarer Ackerboden für den Samen, den Gott ausstreut (34; 95).

Die Freiheit des Besseren

Bruder Leo, dein Bruder Franziskus wünscht dir Heil und 8
Frieden. Wie eine Mutter, mein Sohn, sage ich dir: Alle Worte, die wir auf dem Weg gesprochen haben, fasse ich in diesem Wort kurz zusammen, und ich will dir raten. Auch wenn es dir nachher notwendig erscheint, wegen eines Rates noch einmal zu mir zu kommen, rate ich dir jetzt so: Handelt mit dem Segen meines Herrn und im Gehorsam mir gegenüber, wie immer es dir besser erscheint, Gott dem Herrn zu gefallen und Seinen Spuren und Seiner Armut nachzufolgen. Wenn es für deine Seele notwendig ist, wenn du Trost brauchst und wenn du zu mir kommen willst, Leo, dann komm. 11

Das Evangelium ist die einzige Grundlage, auf der das

franziskanische Leben beruht. Franz von Assisi bringt dies zum Ausdruck, wenn er die juristischen Tendenzen innerhalb seiner Bewegung abwehrt. Nicht die Freude am Gesetz, sondern die Freiheit des Evangeliums ist maßgebend. Nicht auf die überkommenen Traditionen von Ordensleben ist zu bauen, sondern allein auf das Evangelium. Es entbindet von erstarrten Traditionen und ermächtigt zu neuen Wegen.

Das gleiche Anliegen kommt auch im Brief an Bruder Leo zum Ausdruck. Für das Bessere soll immer genügend Spielraum und Freiheit bestehen. In geradezu rührender und inniger Weise ermutigt Franz seinen Bruder, den Weg in diese Richtung einzuschlagen.

In einer Zeit, in der die meisten Menschen unter der Sinnfrage leiden, könnte die franziskanische Antwort eine neue Bedeutung erlangen. In der unmittelbaren Begegnung mit dem Wort der Heiligen Schrift und unabhängig von den verbrauchten Worten kirchlicher Lehre könnte auch dem modernen Menschen ein letzter Sinn offenbar werden. «Wir außerhalb der Sowjetunion, wir sind katholisch oder protestantisch oder sowieso christlicher Konfession; aber wir sind wie Leute, die Brot und Wein verschlossen im Schrank haben, statt davon zu essen und zu trinken. Wir rennen herum und suchen nach Eßbarem, nach Rettung vor dem Hungertod, aber daß wir nur den Schrank aufzumachen brauchen, um Nahrung zu finden, das wissen wir nicht, das wollen wir nicht wissen. Hier in der Sowjetunion, nach fünfzig Jahren marxistisch-atheistischer Erziehung entdeckt eine Generation ganz von allein, daß man aus dem Evangelium *leben* kann. Fern aller Religionen, fern aller Bibelexegese und aller Dogmatik, fern aller ratio, finden diese jungen Menschen den von Jesus gemeinten, von ihm so dringlich angebotenen ‹Quell des ewigen Lebens›» (L. Rinser).

2. Der Gehorsam

Der Begriff «Gehorsam» wurde im Laufe der Geschichte mißbraucht und belastet. Er ist trotzdem durch keinen anderen zu ersetzen. Zumal bei Franz von Assisi erreicht der Begriff die ganze Fülle seines Inhalts. Er meint die ganze Dichte mitmenschlicher und brüderlicher Beziehungen.

Eucharistie

Deshalb ermahne und ermutige ich im Herrn, daß an allen 9
Orten, wo Brüder weilen, nur eine Messe täglich gelesen wird nach der Form der Römischen Kirche. Wenn wirklich mehrere Priester am selben Ort sind, soll der eine in liebender Zuwendung sich damit zufriedengeben, Zuhörer bei der Feier eines andern Priesters zu sein: Der Herr Jesus Christus erfüllt alle Abwesenden und Anwesenden, die seiner würdig sind.

13,30–33

Das Geheimnis der Eucharistie und das Wesen menschlicher Gemeinschaft verlangen, daß man sich «aus liebender Zuwendung» im Moment der Feier nicht zersplittert. Für diese Bestimmung gibt es im Mittelalter keine Parallelen. Ein gleichzeitig erscheinendes Missale Honorius' III. erlaubt jedem Priester ausdrücklich, für sich allein die Messe zu feiern. Nicht so Franz. Für solche Praktiken hat er kein Verständnis: Die Bruderschaft soll ihren tragenden Grund in einer einzigen Feier besingen und erfahren. Alle haben sich gemeinsam der Demut Gottes auszusetzen, die sich in der Eucharistie offenbart und das Leben der Minderbrüder prägen soll (108; 109). Dieser Text spiegelt die Frühgeschichte des Ordens wider. Die franziskanische Gemeinschaft will keine Häuser, Klöster, Niederlassungen kennen, sondern bloß «Orte, an denen man ein paar Augenblicke verweilt» (34–37).

Innigkeit und Zutrauen

10 Wo immer die Brüder sind und sich treffen, soll einer dem andern Bruder sein. Jeder rede dem andern unbesorgt von seinen Bedürfnissen. Denn wenn eine Mutter ihren leiblichen Sohn nährt und liebt (1 Thess 2,7), muß einer seinen geistigen Bruder noch viel mehr lieben und nähren. Wenn einer von ihnen krank wird, müssen die anderen Brüder ihn pflegen, wie sie gepflegt werden möchten (Mt 7,12).

22,6,7–9

Zwischen den Brüdern sollen die engen und tiefen Bande einer echten Familie bestehen. Mehr noch: Die Beziehungen zwischen Brüdern sollen die Mutter-Kind-Beziehung, was Innigkeit, Einfühlung, Zutrauen, Offenheit und Hilfe angeht, überbieten. Keiner soll in seiner inneren oder äußeren Not allein dastehen. Die Gemeinschaft soll bergen wie eine Mutter. An ihr soll jeder Bruder Maß nehmen. Jeder soll sich als Mutter des andern verstehen. Das ist ein oft wiederkehrender Gedanke des Franz von Assisi (8). Ebenso wie ein anderer: Man soll sich fragen, wie man selber behandelt werden möchte, wenn man in der gleichen Situation stünde (14).

Den andern hören und ihm dienen

11 Kein Bruder soll einem andern etwas Böses tun oder sagen. Vielmehr soll einer dem andern freiwillig in der Liebe des

Geistes dienen und gehorchen. Dies ist der wahre und heilige Gehorsam unseres Herrn Jesus Christus. 23,5,13–14

Text 10 ist eine konkrete Anwendung eines allgemeinen Bemühens: Jeder soll hellhörig und mit Einfühlung erschließen, was der andere zu seinem Wohl und Heil nötig hat, und dies dann tun. Gehorsam, wie Franz ihn fordert, ist also ein Hören, ein Eingehen auf den andern, Einfühlung in den andern, zwischenmenschliche Sensibilität und Dialogfähigkeit (W. Dirks), die Voraussetzung jedes echten brüderlichen Dienens. Diese grundsätzliche und stete Zuwendung ist der «wahre und heilige Gehorsam Jesu Christi».

Ein macht- und herrschaftsfreier Raum

Ebenso soll kein Bruder Macht oder Herrschaft ausüben, 12
vor allem nicht gegenüber den Brüdern. Der Herr sagt nämlich im Evangelium: Die Herrscher unterjochen ihre Völker, und die Mächtigen mißbrauchen ihre Macht (Mt 20,25). Unter Brüdern soll es nicht so sein (Mt 20,26a). Wer bei ihnen der Größere sein will, sei ihr Minister und Diener (Mt 20,26b). Der Größere unter ihnen soll dem Kleineren gleich werden (Lk 22,26). 23,5,9–12

Keiner werde «Erster» genannt. Alle sollen «Minderbrü- 13
der» genannt werden. Und einer wasche dem andern die Füße (Joh 13,14). 23,6,3–4

Die franziskanische Gemeinschaft darf keinerlei Anleihen bei bestehenden gesellschaftlichen oder kirchlichen Gemeinschaftsmodellen machen. So soll keiner «Erster» (= Prior!) sein. Es soll ein Raum entstehen, in dem Herrschafts- und

Machtbefugnisse, Privilegien und Monopole rechtens nicht bestehen dürfen. Alle stehen als Minderbrüder auf gleicher Ebene. Jeder ist der Diener des andern. Das ändert sich selbst dann nicht, wenn das gemeinsame Leben Ordensämter verlangt.

Ein Raum der Barmherzigkeit und Gnade

14 Wem der Gehorsam anvertraut ist und wer für den Höchsten gehalten wird, der sei wie der Geringste und allen andern Brüdern ein Diener. Er soll jedem einzelnen Bruder gegenüber Barmherzigkeit walten lassen und ihn so behandeln, wie er behandelt werden möchte in einem ähnlichen Fall. Er soll dem Bruder nicht zürnen wegen eines Vergehens, sondern mit aller Geduld und Demut ihn liebevoll ermahnen und ertragen. 10,42–44

15 Darin, daß du Folgendes tust, will ich erkennen, ob du den Herrn liebst und mich, Seinen und deinen Diener: Kein Bruder in dieser Welt, hat er auch gesündigt, soviel er sündigen kann, soll, nachdem er dich um Erbarmen gebeten und deine Augen gesehen hat, ohne dein Erbarmen weggehen müssen. Wenn er nicht um Erbarmen bitten würde, müßtest du ihn fragen, ob er nicht Erbarmen will. Würde er später auch tausendmal vor deinen Augen sündigen, sollst du ihn doch mehr lieben als mich, damit du ihn zum Herrn ziehst. Solcher sollst du dich immer erbarmen. Sobald du kannst, sollst du den Guardianen mitteilen, daß du entschlossen bist, so zu handeln. 12,9–12

16 Alle Brüder, die Minister und Diener, wie auch die andern, sollen sich hüten, wegen der Sünde oder des Bösen eines andern verwirrt zu werden und sich zu erzürnen. Denn der

Teufel will viele vernichten wegen des Vergehens eines Einzelnen. Geistig, wie sie es besser können, sollen sie jenem Sünder helfen. Nicht die Gesunden brauchen den Arzt, sondern die Kranken (Mt 9,12; Mk 2,17). 23,5,7–8

Eine Gemeinschaft muß sich organisieren, wenn sie bestehen will. Sie muß die Verantwortung für verschiedene Bereiche delegieren. Sie braucht eine Funktion, die verantwortlich ist, daß alle einander im Gehorsam zugewandt sind (11), ein Amt, dem der Gehorsam anvertraut ist. Diese Delegation bedeutet aber keine Überordnung, sondern Unterordnung: Der Amtsinhaber ist der Diener aller (dagegen 147). Die Demut Gottes verlangt, daß es jeden Bruder nach unten, zum Dienen, drängt (65; 66).

Neben dem Gehorsam muß der «Diener» auch die Barmherzigkeit garantieren. Mag ein Bruder so schwer und so oft wie nur möglich gefehlt haben, er soll nie ohne Barmherzigkeit bleiben. Er soll Vergebung finden, d.h. die Möglichkeit zugesprochen bekommen, anders zu werden oder neu anzufangen. Keiner darf durch ein Urteil auf seinen Weg festgenagelt werden. Gott, dessen Gnade neue Wege eröffnet, soll im Verhalten vor allem des Amtsinhabers Fleisch werden.

Wenn man den Inhaber des franziskanischen Amtes benennen muß, kommt man in Schwierigkeiten. Franz nennt ihn Minister = Diener.

Der innere Zusammenhalt

Alle Brüder, die eingesetzt sind als Minister und Diener der 17
anderen Brüder, in den Provinzen und den einzelnen Orten, sollen ihre Brüder zusammenhalten, oft besuchen und geistig ermahnen und stärken. Alle meine andern gesegneten

Brüder sollen ihnen gerne gehorchen in allem, was das Heil ihrer Seele betrifft und nicht gegen unseren Lebensstil verstößt. 23,4,2–4

18 Wenn ein Minister einem Bruder etwas vorschreibt, was unserem Lebensstil und seiner Seele widerspricht, muß er nicht gehorchen. Es ist nicht Gehorsam, wenn dadurch ein Vergehen oder eine Sünde entsteht. 23,5,2

Eine weitere Funktion des «Dieners» (14–16) ist die Verantwortung für den inneren Zusammenhalt der Bruderschaft. Er muß die Brüder auf die einzelnen Orte aufteilen (9). Das Wort, das hier verwendet ist, läßt vermuten, daß es um mehr als bloß organisatorische Maßnahmen geht. Er muß darum besorgt sein, daß jeder Bruder ein Zuhause findet, daß jeder zusammen mit anderen eine gemeinsame Mitte hat, die aus einzelnen eine Gemeinschaft macht. Der «Diener» wird zum gleichen Zweck jeden einzelnen aufsuchen und die geistliche Dynamik aller fördern.

Hier ist nun auch vom Gehorsam gegenüber dem «Diener» zu sprechen. Dafür sind ein positives und negatives Kriterium gegeben. Auf den «Diener» ist in dem Maße einzugehen, wie es dem letztgültigen Heil entspricht. Gehorsam ist dann zu verweigern,wenn es den Grundintentionen des franziskanischen Lebens widerspricht. Man könnte es auch so sagen: Die Heilsfrage und die franziskanischen Grundhaltungen sind der Rahmen von Befehl und Gehorsam.

Ein Ort der Zuflucht

19 Die Brüder, die wissen oder erkennen, daß sie nicht ein regelgemäßes geistliches Leben führen können, sollen und

dürfen bei ihren Ministern Zuflucht nehmen. Die Minister sollen sie freundlich und in wahrer Liebe aufnehmen und mit ihnen so vertrauten Umgang haben, daß sie mit ihnen reden und handeln können wie Herren mit ihren Dienern. So nämlich muß es sein: Die Minister seien die Diener aller Brüder. 22,10,4–6

«Der Diener» (14–16) ist auch Zufluchtsort für alle, die aus inneren oder äußeren Gründen die franziskanische Lebensform nicht mehr leben können. Solche Brüder sollen Liebe und Güte finden. Gerade in solchen Fällen scheint es wichtig zu betonen, daß in der franziskanischen Gemeinschaft die Hierarchie auf den Kopf gestellt ist. Die Oberen sind die Unteren. Sie haben in allem zu dienen. Der Herr ist immer der andere: für den Untergebenen der Obere, für den Oberen der Untergebene. Alle sind Herren, aber jeder muß sich als Diener verstehen (147).

Kritik und Maßnahmen

Alle Brüder, die den Ministern und Dienern untergeben 20
sind, sollen das Tun der Minister und Diener vernünftig und aufmerksam beobachten. Wenn sie einen von ihnen sehen, der fleischlich und nicht geistig, wie es der Richtigkeit unseres Lebens entspricht, wandelt, und wenn er nach der dritten Ermahnung sich nicht bessert, sollen sie es auf dem Pfingstkapitel dem Minister und Diener der ganzen Gemeinschaft bekanntmachen und sich durch keinen Widerspruch davon abhalten lassen. Wenn irgendein Bruder fleischlich und nicht geistlich wandeln will, sollen die Brüder, die mit ihm leben, ihn ermahnen, belehren und demütig und gewissenhaft zurechtweisen. 23,5,3–5

21 Wenn es zu irgendeiner Zeit der Gesamtheit der Provinzminister und Kustoden offensichtlich erscheint, daß der erwähnte Minister dem gemeinsamen Wohl der Brüder nicht genügend dient, sollen die Brüder, zu deren Aufgaben die Wahl gehört, verpflichtet sein, sich im Namen des Herrn einen andern zum Kustoden zu wählen. 22,8,4

Zu Recht ist das franziskanische Amt der Beobachtung und Kritik aller Brüder ausgesetzt. Wenn ein «Diener» nicht mehr den franziskanischen Geist verkörpert oder nicht mehr dem Wohl aller dient, dann soll er ermahnt, ja abgesetzt werden. Ebenso soll jeder Bruder echt brüderliche Kritik erfahren. Die Bedingungen solcher Kritik sind Liebe und Demut (53; 67–70).

Die franziskanische Gemeinschaftsauffassung ist ebenso modern wie dringlich. Viele Menschen sind entwurzelt. Sie haben nicht mehr genügend Rückhalt in der Gesellschaft. Sie beklagen, daß sie gefühlsmäßig ohne Heimat sind. Darum entstehen überall kleine Gemeinschaften, die dem Einzelnen einen zwangsfreien Raum bereitstellen und Güte, Zuwendung und Geborgenheit zu geben vermögen. Ein Phänomen, das dem Geist eines Franziskus entspricht oder ihn fordert.

Die franziskanische Gehorsamsaufassung könnte auch dem Suchen nach neuen Gemeinschaftsformen entgegenkommen. Sie fordert, daß jedes Mitglied einer Gemeinschaft dem Einzelnen und dem Ganzen hellhörig zugewandt ist und ihm dient. So würde eine Gemeinschaft entstehen, in der es keine Monopole, Privilegien, Macht- und Herrschaftsstrukturen gibt.

3. Die Armut

Nichts

Nichts habt ihr, weder in dieser Welt noch in einer zukünftigen. Ihr glaubt, lange die Nichtigkeiten dieser Welt zu besitzen. Aber ihr täuscht euch. Es kommt der Tag und die Stunde, an die ihr nicht denkt, von der ihr nicht wißt und die ihr nicht kennt. 22

10,70–71

In der Liebe, die Gott ist, bitte ich alle meine Brüder, daß sie sich bemühen, in allem Demut zu üben, nicht zu prahlen, dic Freude nicht in sich selbst zu suchen und sich in ihrem Innersten nicht selbst zu erhöhen wegen guter Worte oder Werke. Sie sollen auf nichts stolz sein, was Gott in ihnen manchmal spricht und tut und durch sie wirkt. Denn der Herr sagt: Freut euch nicht darüber, daß euch die Geister gehorchen (Lk 10,20). Wir wollen mit Bestimmtheit wissen, daß nichts uns gehört, außer Laster und Sünden. 23

23,17,5–7

Alle Brüder sollen sich bemühen, der Demut und der Armut unseres Herrn Jesus Christus nachzueifern. Sie sollen beherzigen, daß wir von der ganzen Welt nichts besitzen dürfen. Wir sind zufrieden – wie der Apostel sagt –, wenn wir Nahrung und Kleidung haben (1 Tim 6,8). 24

23,9,1

Franz will durch nichts anderes bestimmt sein als durch Gott. Seine ganze Persönlichkeit lebt aus der Zuwendung zu Gott. Er kann und will durch die Dinge dieser Welt keinen Persönlichkeitszuwachs erfahren. Er versteht sich nicht durch das, was er hat oder haben könnte, sondern durch das, was er letztlich vor Gott ist.

Vor allem spielt der Gedanke der Geschöpflichkeit eine wichtige Rolle. Sein Dasein und Sosein, sein Leben und Wirken hat Franziskus nicht aus eigener Seinsmächtigkeit, nicht aus eigenen Quellen. Alles, was er ist und hat, ist Geschenk, Gnade, Gabe, Schöpfung Gottes. Aus ihm selber kommen nur Sünde und Schuld. Die Sünde Adams besteht darin, daß er sich selber zuschreibt, was durch Gott gegeben ist (52).

Franz will sich nicht im Haben ansiedeln, sondern im Sein vor Gott. Das aber ist ganz von Gott. Er kann und will darum alles empfangen und zurückgeben, mit allem, was er ist und hat, Gott gehören (59 ff.).

Sich nichts aneignen

25 Die Brüder sollen sich nichts zum Eigentum machen, weder ein Haus noch einen Ort, noch irgendeine andere Sache. Wie «Pilger und Fremdlinge» (1 Petr 2,11) sollen sie in dieser Welt in Armut und Demut dem Herrn dienen. Sie sollen vertrauensvoll um Almosen bitten. Sie sollen sich dessen nicht schämen. Denn der Herr wurde unsertwegen arm in dieser Welt (2 Kor 8,9). 22,6,1–3

26 Die Brüder sollen sich überall hüten, in der Einsiedelei oder anderswo, sich einen Ort anzueignen oder einen zu verteidigen. Sie sollen gütig aufnehmen, wer auch zu ihnen kommt: Freund oder Feind, Dieb oder Räuber. Überall, wo die Brüder sich aufhalten und einander treffen, sollen sie gern und in selbstloser Liebe einander wiedersehen und ehren. 23,7,13–15

27 Ich bitte den kranken Bruder, daß er dem Schöpfer für alles dankt. Es soll sein Wunsch sein, so zu sein, wie der Herr ihn will, gesund oder krank. Alle, die der Herr zum ewigen Leben bestimmt hat (Apg 13,48), belehrt er durch die Qual der Schläge und der Krankheit und durch die Zerknirschung des Geistes. Wenn einer sich erregt und erzürnt ist gegen Gott oder gegen seine Brüder oder wenn er zu beunruhigt Medikamente begehrt und wünscht, seinen Körper, der bald sterben muß und ein Feind der Seele ist, zu befreien, so geschieht ihm das aus dem Bösen, weil er fleischlich ist. Er scheint nicht zu den Brüdern zu gehören, denn er liebt seinen Körper mehr als seine Seele. 23,10,3-4

Adam hat sich als Besitzer und Eigentümer der Gaben Gottes aufgespielt (52). Darin besteht seine Sünde. Sie wird immer wiederholt, wo ein Mensch den Geist des Raffens und Besitzens lebt. Darum will Franz, daß er und seine Brüder «ohne Eigentum» leben (5). Er möchte sich nicht durch Eigentum und Besitz von den übrigen Menschen isolieren, sich nicht in einer Besitzermentalität den Mitmenschen verschließen. Er will grundsätzlich keine Besitzrechte anmelden, nichts für sich allein beanspruchen. Er will voraussetzungslos und bedingungslos offen sein für alle. In geradezu utopischer Weise!

Ein Sonderfall dieser Eigentumslosigkeit, die dem Gedanken des Geschaffenseins entspringt, ist die Krankheit. Man soll nicht anders sein wollen, als Gott einen haben will. Diese Eigentumslosigkeit wird sich in Freiheit umsetzen, für sich selbst wie für die Umwelt.

Das Recht der Armen

Wenn es notwendig ist, sollen sie betteln gehen. Sie sollen 28
sich nicht schämen, sondern sich vielmehr erinnern, daß unser Herr Jesus Christus, der Sohn des allmächtigen le-

bendigen Gottes (Joh 11,27), Sein Gesicht zum härtesten Felsen gemacht hat (Jes 50,7) und sich nicht schämte. Er war arm und fremd, und Er selbst und die selige Jungfrau und Seine Jünger lebten von Almosen.

Wenn die Menschen sie beschämen und ihnen keine Almosen geben wollen, sollen sie dennoch Gott danken. Denn den Beschämten wird große Ehre zuteil vor dem Gericht unseres Herrn Jesus Christus. Sie sollen wissen, daß Beschämung nicht jenen in Rechnung gestellt wird, die sie ertragen, sondern jenen, die sie zufügen. Almosen ist das gerechte Erbe, das den Armen zukommt. Unser Herr Jesus Christus hat es für uns erworben. Die Brüder, die sich abmühen, es zu erwerben, haben großen Lohn. Sie geben den Spendern die Gelegenheit zu Erwerb und Gewinn. Denn alles, was die Menschen zurücklassen in der Welt, vergeht. Für die Liebe und die Almosen, die sie gegeben haben, erhalten sie aber den Lohn vom Herrn. 23,9,3–9

29 Wenn die Not sie überrascht, ist es allen Brüdern überall erlaubt, alles zu essen, was Menschen essen können, wie es der Herr von David sagte, der die Schaubrote aß (Mt 12,4), die niemand außer den Priestern essen durfte. Ebenso sollen die Brüder in einer Zeit offensichtlicher Not mit dem für sie Lebensnotwendigen umgehen, wie ihnen der Herr die Gnade schenkt. Denn Not kennt kein Gebot.

23,9,13–16

In der Not soll man den Mut haben zu betteln. Der Bettler wird dadurch motiviert, daß sich in ihm die Passion Christi nachvollzieht. Hinzu kommt, daß sich Jesus mit den Armen solidarisiert und dadurch ein Rechtstitel entsteht. Es ist interessant festzustellen, daß Franz von Assisi nirgendwo eine juristische Begrifflichkeit entwickelt. Hier tut er es. Das Almosen ist eine *Erbschaft,* die dem Armen zusteht und die ihm nicht streitig gemacht werden darf. Ein *Recht*, allerdings nicht als Anspruch, der dem eigenen Wesen entspringt, sondern als zugesprochenes Recht, das in Christus seine Begründung findet. Obwohl die Regel für die Franziskaner geschrieben ist, dürfte dieses Recht des Armen auch für die Öffentlichkeit Bedeutung haben. Sie muß dem Armen die Existenzgrundlage sichern (aber 40–42!). In der äußersten Not darf sich der Arme auf seine Freiheit berufen und selbst außerhalb der Legalität sich das beschaffen, was er zum Leben braucht.

Materielle Armut

Ich untersage allen Brüdern nachdrücklich, in irgendeiner Weise Münzen oder Geld anzunehmen, sei es direkt oder über einen Dritten. Für die Bedürfnisse der Kranken und für die Kleidung der anderen Brüder sollen die Minister und Kustoden aufmerksam besorgt sein mit der Hilfe geistiger Freunde, je nach Ort und Zeit und klimatischen Bedingungen, wie es ihnen nötig erscheint. Nie aber sollen sie, wie gesagt, Münzen oder Geld annehmen. 22,4 30

Alle Brüder sollen billige Kleider tragen. Diese können sie mit Sack- oder anderem Tuch flicken, mit dem Segen Gottes. Ich ermahne sie und warne davor, daß die Menschen verachtet und verurteilt werden, die weiche und bunte Kleidung tragen und sich dem Genuß von Speise und Trank hingeben. Jeder einzelne soll sich selber mehr verachten und verurteilen. 22,2,16–17 31

Nennt man sie auch Heuchler, so sollen sie doch nicht aufhören, Gutes zu tun. Sie sollen in dieser Welt nicht kostbare Kleider begehren, damit sie im Reich des Himmels ihr Gewand erhalten. 23,2,15 32

Franz von Assisi lehnt das Geld ab. Das ist ihm möglich in einer Zeit, in der noch andere Zahlungsmittel üblich sind. Landwirtschaftliche Produkte, Lebensmittel kann man nicht anhäufen. Sie entsprechen darum mehr den Vorstellungen des Heiligen. Das Geld macht blind für die anderen Werte: die Liebe, das Fest, das Gebet, das Gedicht, das Reich Gottes. Diesem Erblinden will der franziskanische Mensch nicht erliegen. Darum ist das Geldannahmeverbot absolut. Der Geist, der dahintersteht, muß heute um andere Formen ringen. Die franziskanische Armut ist radikal, aber sie muß der Menschlichkeit des Menschen dienen.

Die Armut soll sich auch in der Kleidung ausdrücken. An diesem Zeichen kann abgelesen werden, auf welcher Seite der Gesellschaft einer steht. Doch dürfen sie sich über die «Reichen» kein Urteil anmaßen. Umgekehrt sollen sie sich durch die Meinung der «Reichen» nicht von ihrem Lebensstil abbringen lassen.

Solidarität mit den Armen

33 Der Aufenthalt bei gemeinen und verachteten Leuten, bei Armen, Schwachen, Kranken, Aussätzigen und am Wege Bettelnden soll sie erfreuen. 23,9,2

Der bevorzugte Aufenthaltsort des Franz von Assisi ist bei den Armen dieser Welt: «Mit Franziskus hat die christliche Mystik wieder ganz ihre eigene Linie gefunden: nicht neuplatonisch bewegter Aufstieg zu Gott, sondern Abstieg mit Christus – der Aufstieg vollzieht sich im Abstieg. Seine Nachfolger gingen den gleichen Weg. In wenigen Jahren wurde aus der Tat eines Einzelnen eine Bewegung, die zahllose Männer und Frauen mit sich riß. Es war eine gewaltlose Revolution, die Armut und Reichtum, Macht und Ohnmacht, Oben und Unten verkehrte und in einem neuen Licht erscheinen ließ. Der Weg des Abstiegs dieser Christen, unter denen sich viele Hochgestellte befanden, führte von selbst zu den Verlorenen, den Parias aller Zeiten und Länder» (H. Lauter). Die Demut Gottes ruft zur Nachfolge (16).

Der franziskanischen Armutsauffassung wird heute allgemein wieder eine besondere Chance und Dringlichkeit zugesprochen. Unter dem Eindruck des großen geistlichen Aufbruchs, der während des Zweiten Vatikanischen Konzils – als Unter- und Hintergrund desselben – die Kardinäle und Bischöfe Montini, Lercaro, Léger, Camara und viele andere Vertreter der Dritten Welt vereinigte, entdeckt der Jesuit Mario von Galli die franziskanische Armut. Er erkennt, daß sie die Zukunft der Kirche ist. Er meint, daß die Zeit des Franz von Assisi damals noch nicht reif war. «Wer sagt uns, daß unsere Zeit nicht reifer sei, das damals Unmögliche schon weit besser zu verwirklichen? So stünde erneut dieses Heiligen Gestalt auf dem Berg, in die Morgenröte einer kommenden Zeit gezeichnet, nicht als Einzelner mehr, sondern als Gruppe von Menschen, nicht im Bettelsack, aber in radikaler Loslösung von allem, was mit Gewalt muß verteidigt werden, und in unerhörtem Appell an die Güte im Menschen, der Gottes Abbild ist.»

Für drei Problemkreise könnte Franz von Assisi modellhaft sein:

- *In der Suche nach Identität des Menschen:* E. Fromm stellt fest, daß sich im Laufe der Zeit alle Kategorien des Seins in solche des Habens verwandelt haben. Der Mensch definiert sich durch das, was er hat und vorweisen kann (Diplom, Auto, Haus, Kinder). Dagegen wehrt sich das Sein des Menschen, so daß es zur Krise und oft zur Krankheit kommt. Der Mensch könnte der Wahrheit und dem Sinn seines Seins wesentlich näherkommen, wenn er sich seiner Geschöpflichkeit, seiner Verfallenheit und der Auswegmöglichkeit bewußt würde.

- *Durch Konsumaskese mit wirtschaftspolitischen Konsequenzen:* «Wie, wenn eine (mit Sicherheit bald oder später eintretende) wirtschaftliche Verarmung den Menschen nicht wirklich beträfe? Wenn er sich von ihr unabhängig machen könnte? Wenn er ihr zuvorkäme und die Verarmung geistig abfinge und sie überwände, ehe sie ihm überhaupt zum Problem werden könnte? Wenn er die ‹Überwindung der Krise› nicht den Wissenschaftlern, Politikern oder Ökologen überließe, die doch nur materielle Mittel anbieten können dort, wo es um einen geistigen Notstand geht? Ganz einfach gesagt: Wie, wenn er seine Bedürfnisse (die eines Tages ohnehin nicht mehr erfüllt werden) jetzt schon freiwillig einschränkte? Wenn er verzichten lernte? Wenn wir die unverantwortlich viel und Überflüssiges produzierenden Industrien schweigend unter Druck setzten und zu Umstellungen zwängen, indem wir einfach nichts mehr kauften, was wir nicht wirklich brauchen? Wenn wir den uns aufgeschwatzten, den eingebildeten Konsumzwang übersprängen? Wenn wir aus dem Profitspiel ausstiegen? Wenn wir den von vielen gefürchteten Sozialisierungen zuvorkämen, indem wir freiwillig auf jede Art von Ausbeutung der Kräfte anderer verzichteten? Wenn wir unsere Selbsteinschätzung und unser Glück nicht mehr vom Besitz abhängig machten, wenn wir die Menschen mehr liebten als das Geld, wenn wir uns hier und jetzt entschlössen, ‹neu› zu werden» (L. Rinser).
- *In der Suche nach einer weltweiten Gerechtigkeit:* Es wird in den nächsten Jahrzehnten entscheidend sein, wie wir die Akzente setzen. Ob wir gewillt sind, zunächst und zuoberst die Gemeinsamkeit aller Güter zu betonen und von daher das Privateigentum abzuleiten. Oder ob wir zuerst und zuoberst das Privateigentum verteidigen und for-

dern und davon abgeleitet, sozusagen von dem, was übrigbleibt, die Gerechtigkeit aller suchen. «Wir müssen uns zu einer gesellschaftlich bezogenen Einschränkung verpflichten. Das würde bedeuten, daß wir in voller Verantwortung für das menschliche Wohl mit den materiellen Gütern bedachtsam umgehen. Wir müßten uns immer wieder bewußt werden, daß diese Güter zweckentfremdet werden, wenn sie nicht in den Dienst einer alle Menschen umfassenden, gerechten Gesellschaft gestellt werden» (A. J. Vermeulen).

4. Die Welt

Kontemplation und Meditation

34 Jene, die in den Einsiedeleien sich gottesfürchtig aufhalten wollen, sollen höchstens zu dritt oder zu viert sein. Zwei von ihnen sollen Mütter sein und zwei oder mindestens einen Sohn haben. Die zwei Mütter sollen das Leben der Marta führen, die zwei Söhne dasjenige der Maria (Lk 10,38–42). Sie sollen einen abgegrenzten Ort haben. Darin soll jeder eine eigene Zelle haben, in der er betet und schläft.

Sie sollen immer die Komplet beten, unmittelbar nach dem Sonnenuntergang.

Sie sollen sich bemühen, das Schweigen einzuhalten.

Zur Zeit der Matutin sollen sie aufstehen.

Es soll ihnen zuerst um das Reich Gottes und seine Gerechtigkeit gehen (Mt 6,38).

Die Prim sollen sie zu entsprechender Zeit beten.

Nach der Terz dürfen sie das Schweigen unterbrechen. Sie können reden und zu ihren Müttern gehen.

Wenn es ihnen gefällt, können sie wie die Armseligen und Armen um Almosen bitten – aus Liebe zu Gott, dem Herrn.

Später sollen sie die Sext und die Non und zu entsprechender Zeit die Vesper beten.

Kein Fremder darf den abgegrenzten Ort, an dem sie weilen, betreten oder dort essen.

Die Brüder, die Mütter sind, sollen sich bemühen, von jedem Menschen fernzubleiben. Im Gehorsam gegen ihren Minister sollen sie ihre Söhne vor jedem Menschen behüten, damit niemand mit ihnen reden kann.

Die Söhne sollen mit niemandem reden als mit ihren

Müttern und mit ihrem Minister und Kustoden, wenn es ihm gefällt, sie zu besuchen mit dem Segen Gottes, des Herrn.

Die Söhne sollen irgendeinmal das Amt der Mütter für eine Zeitlang übernehmen. Sie sollen dies abwechselnd nach ihrem Gutdünken regeln.

Sie sollen sich bemühen, alles oben Gesagte sorgsam und eifrig zu beachten. 24

Franz von Assisi will eine totale Gottzugewandtheit leben und nichts anderes kennen als Jesus Christus und sein Evangelium (5–7). Er ist darum fasziniert von der Existenzweise der Eremiten, die sich von der Welt zurückziehen und nur noch Gott ertasten und schauen wollen. Diese Ausschließlichkeit seiner Blickrichtung kann nicht genug betont werden.

Seine Gottzugewandtheit kommt allerdings in eine ernsthafte Krise durch die Kreuzesmeditation. Da entdeckt er das Geheimnis Jesu: Er ist für das Heil der Welt gestorben. Er ist der «Mensch für andere». Er opfert sich für die Menschen. Er zerbricht aus Liebe. Er läßt sich als Brot und Wein an alle verteilen. Angesichts des Kreuzes muß sich Franziskus fragen, ob er seine Gottzugewandtheit nicht anders verstehen müßte. Nicht platonisch als Rückzug aus der Welt, aus dem Leib, aus dem Menschsein und als Aufstieg zu Gott, sondern eben inkarnatorisch als Zuwendung zur Welt und, Gott folgend, als Abstieg in die menschliche Not. Franz bespricht seine Krise mit Bruder Silvester und Schwester Klara. Sie bestätigen ihm: Die Gottzugewandtheit muß sich ebenso radikal als Zuwendung zur Welt erweisen. Franz will dem leben, der für alle gestorben ist. Das Eine umschließt alles. Der eine Gott und das Universum der Dinge und Menschen gehören zusammen. Franz würde seinen Lebenssinn verfehlen, wenn er die Gottzugewandtheit weltlos und die Welt gottlos verstünde. Im «Bund des heiligen Franziskus mit der Herrin Armut», einer Schrift aus der Frühzeit der Franziskanergeschichte, wird dies auf einmalige Weise deutlich. Da bittet die personifizierte Armut die Brüder, sie möchten ihr das Kloster zeigen. Diese führen sie auf einen hohen Berg, zeigen ihr die ganze Welt und sagen: «Das ist unser Kloster.» Vor Gott und dem Vater Jesu Christi müssen alle Klostermauern fallen. Das Kloster, der Ort der Gottzugewandtheit, weitet sich aus und wird mit der Welt identisch.

Erst von dieser Grundhaltung her darf obige Eremitenregel verstanden werden. Die Wurzel jeder Zuwendung zur Welt ist die Gottzugewandtheit. Jene kann nur total sein, wenn diese total ist. Darum braucht es den zeitweiligen Rückzug, für den die Regel geschrieben ist. Das Ziehen auf den Straßen der Welt verlangt nach einem Ort und einer Zeit der Ruhe. Da soll man wieder die Höhe und Tiefe, Breite und Länge des Menschseins und des Heilsplanes Gottes suchen und erfahren. Für diesen Halt müssen bestimmte Dinge garantiert werden, damit sich das große Geschenk von Meditation und Kontemplation ereignen kann: die Distanz zur Hektik und zum Lärm der Welt, die Unbesorgtheit bezüglich der Existenzgrundlage. Für beides sollen zwei Brüder besorgt sein, die als «Mütter» bezeichnet werden (10). Dazu kommt das Schweigen, ohne das sich das Wesentliche im Inneren des Menschen nicht ereignet. Der Sinn kann nicht zur Sprache kommen, solange die Wörter lärmen.

Diese Regel ist aber nicht nur für die kontemplative Existenz von Bedeutung. Nach ihren Prinzipien sollten auch aktive Gemeinschaften gestaltet werden: die kleine Zahl von Brüdern, die der franziskanischen Brüderlichkeit eine echte Chance gibt; der Rhythmus von Aktion und Kontemplation.

Meditation als Flucht

Der Herr segne dich (Num 6,24), Bruder Minister und 35
Diener N. So wie ich es kann, sage ich dir zum Anliegen deiner Seele: Alles, was dich hindert, Gott den Herrn zu lieben, jeden, der dir Hindernis ist, seien es Brüder oder andere, selbst wenn sie dich züchtigten, alles sollst du für Gnade halten. Dies sollst du wollen und nichts anderes. Dies sei dein wahrer Gehorsam gegen Gott und gegen mich. Ich weiß ganz sicher, daß dies der wahre Gehorsam ist. Liebe jene, die dir dies antun. Nichts anderes sollst du von ihnen wollen, als was der Herr dir geben wird. Darin sollst du sie lieben. Du sollst nicht wollen, daß sie bessere Christen seien. Dies sei dir mehr als Einsiedelei. 12,1–8

Der genannte «Diener» (14 ff.) hat an seiner Verantwortung schwer zu tragen. Er will darum aus dem Amt ausscheiden, die demütigende Böswilligkeit der Brüder verlassen und in die Einsiedelei fliehen. Franz von Assisi verwehrt es ihm: Meditation darf nie Flucht sein, nie ein billiger Ausweg aus den Konfliktfeldern dieser Welt. Meditation ist unbedingt notwendig, aber nicht so. «Der Inhalt dieses Briefes ist eine bis zu dem äußersten Grenzfall hochgetriebene Lehre, dem Übel nicht auszuweichen und sich ihm nicht zu widersetzen. Eine Beschwörung, nicht etwa die Welt zu verlassen, sondern sich mitten in ihre Qual zu mischen und das Böse leidenschaftlich zu leiden … Franz geht dabei bis zu einem moraltheologisch schon beinah bedenklichen Extrem, wenn er schreibt: Du sollst nicht wünschen, daß sie bessere Christen sind – denn darf man, der eigenen Prüfung durch Leiden zuliebe, den Wunsch, der Nächste möchte ein besserer Christ sein, unterdrücken? Nur in Unterwerfung unter das Böse kann nach seiner Überzeugung sich die Kraft der Liebe und des Gehorsams erweisen… Das ist mehr als die einsame Meditation fern von der Welt» (E. Auerbach).

Durch die Welt ziehen

36 Wenn die Brüder durch die Welt ziehen, sollen sie nichts mit auf den Weg nehmen (Lk 9,3), keinen Bettelsack (Lk 10,4), keine Vorratstasche, kein Brot, kein Geld (Lk 9,3), keinen Stock (Mt 10,10). In jedem Haus, das sie betreten, sollen sie als erstes sagen: Friede diesem Haus (Lk 10,5). Sie sollen in diesem Haus bleiben und essen und trinken, was man ihnen gibt (Lk 10,7). Sie sollen dem Bösen nicht Widerstand leisten (Mt 5,39), sondern denen, die sie auf die eine Wange schlagen, auch die andere hinhalten (Mt 5,39; Lk 6,29). Dem, der ihnen den Mantel wegnimmt, sollen sie auch das Hemd überlassen (Lk 6,29). Sie sollen allen geben, die um etwas bitten. Was ihnen weggenommen wird, sollen sie nicht zurückfordern (Lk 6,30). 23,14

37 Ich verbiete allen meinen Brüdern, den Klerikern und den Laien, ob sie durch die Welt ziehen oder an einem Ort verweilen, bei sich oder bei einem anderen oder auf eine andere Weise ein Tier zu besitzen. Sie sollen nicht reiten, außer bei Krankheit oder einem anderen zwingenden Grund. 23,15

Franz will durch die Welt *ziehen, gehen, wandeln.* Eine große Bewegung auf die Welt hin erfaßt ihn. Sobald seine Bruderschaft acht Mitglieder zählt, teilt er sie in Paare auf und schickt sie in alle Himmelsrichtungen (so kommt Bruder Ägidius schon 1209 nach Spanien). Als Zwölfergemeinschaft (Zwölfstämmevolk Israel, zwölf Apostel) gehen sie nach Rom, die Hauptstadt der Welt, um dann in den Erdkreis zurückzukehren. Sie wollen «urbi et orbi» die frohe Botschaft von Frieden und Umkehr verkünden. Franz gelangt nach Dalmatien, Spanien, Syrien, Ägypten... Er möchte in seinem Ziehen bis an die Grenzen der Welt kommen (38). Die Grundhaltungen, die ihn dabei bewegen, sind den Aussendungsreden und der Bergpredigt entnommen (1–4): ohne Ballast (wenn schon keine Tasche, dann erst recht kein Reitpferd); Friedensgruß, Gewalt- und Rechtsverzicht.

Das Reitverbot hat noch eine weitere Bedeutung. Sein «Sitz im Leben» ist eine mittelalterliche Predigtpraxis: Kirchliche Prediger müssen offenbar vom Pferd herunter die Botschaft des Evangeliums verkündet haben. Das wird als Widerspruch zur Botschaft des armen Jesus empfunden. Diesem Gehabe treten die Armutsbewegungen entgegen, die Waldenser und die «Barfüßer» (Franziskaner). Die Predigt verträgt keine «Statussymbole».

Mission

Der Herr sagt: Seht, ich schicke euch wie Schafe mitten un- 38
ter die Wölfe. Seid daher klug wie die Schlangen und arglos wie die Tauben (Mt 10,16). Wenn ein Bruder zu den Sarazenen oder andern Ungläubigen gehen will, soll er seinen Minister und Diener um Erlaubnis bitten. Der Minister soll ihm die Erlaubnis geben und nicht widersprechen, wenn er sieht, daß dieser geeignet ist. Denn er wird dem Herrn Rechenschaft ablegen müssen (Lk 16,2), wenn er in dieser oder einer anderen Angelegenheit unklug gehandelt hat. Die Brüder, die gehen, können auf zwei Arten unter ihnen leben. Einmal, indem sie nicht streiten und zanken, sondern sich um Gottes willen aller menschlichen Kreatur unterordnen (1 Petr 2,13) und bekennen, daß sie Christen sind. Zum zweiten, indem sie, wenn sie finden, daß dies

dem Herrn gefällt, das Wort Gottes verkünden, damit alle glauben an den allmächtigen Gott, den Vater, den Sohn, den Heiligen Geist, den Schöpfer aller Dinge, den Sohn, den Erlöser und Retter. Damit sie getauft und Christen werden. Denn wenn jemand nicht wiedergeboren ist aus dem Wasser und dem Heiligen Geist, kann er nicht in das Reich Gottes kommen (Joh 3,5). 23,16,1–7

Innozenz III. ruft 1215 zu einem neuen Kreuzzug gegen die Sarazenen (Mohammedaner) auf. Franz hinterfragt die Gedanken des Papstes. So kommt er zu einer Alternative: nicht Kreuzzug, sondern Mission, nicht Gewalt, sondern die Faszination des Lebens, nicht Krieg, sondern die Botschaft des Friedens. Franziskus wird so zum ersten Ordensgründer, der die Missionsidee in die Regel aufnimmt. Sie ist höchst modern. Zuerst und vor allem geht es um Präsenz: Die christlich-franziskanische Existenz (Gewaltlosigkeit, Dienstbereitschaft, Bekenntnis) soll ins Spiel gebracht werden. Erst auf dieser Grundlage haben Verkündigung und Sakramentenspendung ihre volle Bedeutung.

Interessant ist die Tatsache, daß die Legende vom Wolf in Gubbio an einer Stelle lokalisiert ist, wo man einer kriegerischen Auseinandersetzung mit den Sarazenen gedenkt. Das einleitende Schriftwort läßt die Gleichsetzung von Wolf und Sarazenen vermuten. Die Legende von Gubbio und dieser Text könnten sich so gegenseitig deuten.

Keine Polemik

39 Wenn wir sehen oder hören, daß Böses gesagt oder getan und daß Gott gelästert wird, so wollen wir Gutes reden und Gutes tun und Gott loben (Röm 12,21). Er ist gesegnet in Ewigkeit (Röm 1,25) 23,17,19

In den Schriften des Franz von Assisi findet sich nirgendwo Polemik oder bloß verbale Kritik. Weder in bezug auf die Korruption der Kirche noch in bezug auf die Häresie vieler antikirchlicher Gruppen. Franz will der Korruption und der Häresie, dem Irrtum und dem Unglauben das Leben entgegensetzen.

Arbeit

Jene Brüder, denen der Herr die Gnade zu arbeiten verliehen hat, sollen treu und mit Hingabe arbeiten. So halten sie den feindlichen Müßiggang der Seele fern. Aber sie sollen dabei den Geist des heiligen Gebetes und der Hingabe nicht auslöschen, dem alles Irdische dienen muß. Als Arbeitslohn dürfen sie das Lebensnotwendige für sich und ihre Brüder annehmen außer Münzen und Geld. Sie sollen dies demütig tun, wie es sich gehört für Diener Gottes und Jünger der heiligsten Armut. 22,5 40

Die Brüder dürfen an keinem Ort, an dem sie dienen und arbeiten, Kämmerer oder Kanzler sein oder dem Haus, in dem sie dienen, vorstehen. Sie dürfen kein Amt annehmen, das zum Ärgernis würde oder ihrer Seele Schaden zufügte (Mk 8,36). Sie sollen die Geringsten sein und sich allen unterordnen, die in diesem Haus sind. 23,7,1–2 41

Die Brüder, die arbeiten können, sollen arbeiten und das Handwerk betreiben, das sie kennen, wenn es nicht dem Heil der Seele schadet und ehrenvoll betrieben werden kann. Für die Arbeit können sie alles Lebensnotwendige annehmen außer Geld. Wenn es nötig ist, können sie betteln gehen wie die anderen Armen. Es ist ihnen erlaubt, Werkzeug und Geräte zu besitzen, die sie für ihr Handwerk brauchen. Alle Brüder sollen sich für gute Werke erwär- 42 men und abmühen. Es steht geschrieben: Sei immer mit etwas Gutem beschäftigt, damit der Teufel dich nicht untätig findet. Und: Müßiggang ist der Feind der Seele. Daher sollen die Diener Gottes immer im Gebet und anderen guten Werken verharren. 23,7,3–12

Franz will, daß sich seine Brüder als Arbeiter verstehen (143). Sie sollen sich zu denen zählen, die sich in unmittelbarem Kontakt mit der Welt abmühen. Wer sich zu Franziskus bekennt, soll unter Arbeitern arbeiten. Die Arbeit ist eine Selbstverständlichkeit des franziskanischen Lebensstils und, wenn man es kann, eine Gnade: eine Arbeit auf dem Feld, ein Handwerk, Dienstleistungen in Pflegeheimen oder anderen Häusern.

Franziskus verbindet mit der Arbeit nicht nur Mühe und Schweiß. Sonst könnte er nicht das Wort gebrauchen, das ebenso auch mit «Kunst» übersetzt werden könnte. Es geht um ein Können, bei dem der Mensch sich selbst zum Ausdruck bringt und sich selbst erlebt. Als Ebenbild Gottes, der alles kann und alles spielend hervorbringt. Arbeit soll schöpferisches Tun sein und wieder werden, zur Übereinstimmung mit dem Schöpfergott führen. Alle sind als Künstler geboren, alle sollen wieder Künstler werden. Durch viel Arbeit und Mühe hindurch.

Franziskus weiß um die Gefahren der Arbeit. Der Mensch kann darin untergehen, der Künstler ersticken. Doch der Mensch darf sich nicht vergessen und verlieren. Er muß immer dafür besorgt sein, daß er Mensch bleibt. Er muß in sich Kräfte entwickeln, die ihm gestatten, Mensch zu bleiben.

Die Größe des Menschen ist Gott. Darum darf der Geist des Gebetes, die meditative Kraft nicht erstickt werden. Und die Hoheit des Menschen besteht in seinen Zielen. Die Arbeit darf den Elan und die Beschwingtheit seines Lebensentwurfes nicht töten. Darum darf der Geist der Hingabe nicht untergehen.

Der Mensch darf sich also nicht einer festgefahrenen Arbeitswelt opfern. Immer und überall ist der Mensch bzw. sein Gott das Erste. Darum haben sich die ganze Wirtschaftsordnung und alle Arbeitsverhältnisse ihm anzupassen und ihm zu dienen.

Bei der Wahl der Arbeit sollen privilegierte Stellungen, Monopole, Macht und Herrschaftsposten ausgeschlossen sein. Vielmehr sind jene Arbeiten zu tun, die am ehesten als Dienste zu verstehen sind.

Predigt

Die Brüder dürfen nicht predigen im Bistum eines Bi- 43
schofs, der es ihnen untersagt hat. Kein Bruder darf es im Innersten wagen, dem Volk zu predigen, ohne geprüft und bestätigt und zu seinem Predigtdienst durch den Generalminister dieser Gemeinschaft beauftragt zu sein. Ich ermahne und warne diese Brüder, daß sie in ihren Predigten die Worte abwägen und läutern (Ps 12,7; 18,31) zum Nutzen und zur Erbauung des Volkes. Sie sollen Laster und Tugenden, Strafe und Herrlichkeit in kurzer Predigt verkündigen. Denn ein kurzes Wort richtete der Herr an die Erde (Röm 9,28). 22,9

Franz von Assisi kennt zwei Predigtformen: *die kirchenamtliche Verkündigung* (Predigt), deren Inhalt das Glaubensbekenntnis ist, und die *Laienpredigt* (Exhorte), die dort an die Menschen gerichtet wird, wo sie leben, auf den Plätzen der Städte, um sie zur Umkehr aufzufordern (91 ff.). In beiden Fällen soll man der Wortinflation entgegenwirken und die Kargheit der Worte sprechen lassen.

Wissenschaft

44 Ich, Bruder Franziskus, grüße meinen Bischof, den Bruder Antonius. Es gefällt mir, daß du die Brüder Theologie lehrst, sofern dieses Studium nicht den Geist des Gebetes und der Hingabe auslöscht, wie ihn die Regel vorschreibt. 4

Franz von Assisi stellt Studium und Wissenschaft unter die gleichen Bedingungen wie die Arbeit: Die meditative Kraft und der Gesamtentwurf franziskanischer Existenz dürfen dabei nicht leiden (40–42; 51; 75).

Hier sei ein verlorengegangener Brief des heiligen Franz erwähnt, dessen Inhalt in etwa rekonstruierbar ist. Unter dem Eindruck eines bevorstehenden Erdbebens schreibt Franziskus einen Brief und läßt ihn in allen Schulen Bolognas vorlesen. Da er um die gleiche Zeit eine Reihe Briefe schreibt, die sich inhaltlich decken (45), könnte der Inhalt ungefähr so sein: Die Wissenschaft des Menschen muß sich vor dem Letzten und Absoluten verantworten. Sie darf auch nicht am Tiefsten und Dichtesten der christlichen Gotteserfahrung vorbeigehen, an der Demut Gottes, wie sie in Wort und Sakrament aufscheint (108; 109). Der Umgang mit dem Wort und der Sprache muß darum von der gleichen Grundhaltung geprägt sein wie derjenige mit dem Sakrament.

Politik

45 Euer Bruder in Gott dem Herrn, Franziskus, der armselige und verachtete Knecht, wünscht Heil und Frieden euch allen, den Bürgermeistern und Ratsherren, den Richtern und Lenkern überall auf der Erde und allen, die dieser Brief erreicht. Seht und zieht in Erwägung, daß der Todestag sich

nähert (Gen 47,29). Ich bitte euch daher so ehrfürchtig, wie ich kann, nicht wegen der Sorgen und Unruhen dieser Welt den Herrn zu vergessen und zu verraten und von seinen Geboten abzuirren. Denn all jene, die ihn vergessen und verraten und von seinen Geboten abirren, sind verflucht (Ps 119,21) und werden von ihm vergessen (Ez 33,13). Am Todestag wird ihnen alles weggenommen, was sie zu besitzen glaubten (Lk 8,18). Je weiser und mächtiger einer war in dieser Welt, um so größere Qualen wird er erdulden müssen in der Hölle (Weish 6,7). Ich rate euch nachdrücklich, meine Herren, alle Sorgen und Kümmernisse hintanzustellen und den heiligsten Leib und das heiligste Blut unseres Herrn Jesus Christus in Seinem heiligen Gedächtnis liebevoll zu empfangen. Laßt dem Herrn im Volk, das euch anvertraut ist, große Ehre zukommen, indem an jedem Abend durch einen Boten oder ein anderes Zeichen verkündet wird, daß das ganze Volk den allmächtigen Gott den Herrn lobe und ihm danke. Ihr sollt wissen, daß ihr, wenn ihr dies nicht tut, am Tage des Gerichts Gott eurem Herrn Jesus Christus Rechenschaft ablegen müßt (Mt 12,36). Wer dieses Schreiben bei sich trägt und es befolgt, soll wissen, daß er von Gott dem Herrn gesegnet ist. 14

1219 weilt Franziskus in islamischen Gebieten. Nach seiner Rückkehr findet er ein päpstliches Schreiben vor, das die abendländische Christenheit zu größerer Ehrfurcht vor dem Sakrament auffordert. Dieses Anliegen greift Franziskus auf und macht es zum Inhalt eines eigenen Schreibens an die Inhaber der staatlichen Gewalt, konkreter: die Bürgermeister, Konsuln und Richter der mittelalterlichen Stadtrepubliken. Er verweist sie zunächst vor den Horizont jeder christlich verantworteten Politik. Sie hat das Letzte und Absolute als Grenze eigener Macht aufzufassen. Nur so wird sie nicht in Willkür umschlagen, sondern das Wohl der Menschen im Auge behalten. Dann macht Franz eine konkrete Anregung für die Gesetzgebung: Die abendländische Christenheit sollte etwas Ähnliches haben wie den islamischen Salât der Muezzin. Ein Herold sollte auf den öffentlichen Plätzen die Menschen zur Anbetung des Allerheiligsten auffordern. Die gleiche Funktion könnte vielleicht auch durch ein Glockenzeichen erfüllt werden. In etwa wird dieser Anregung später durch das Angelusläuten entsprochen. Die Menschwerdung Gottes, die dem Sakrament und dem Wort voraus- und zugrunde liegt, bringt Franz auch in einem anderen Zusammenhang auf den Gedanken, auf die Gesetzgebung Einfluß zu nehmen. Als Weihnachten auf einen Freitag fällt, der in der kirchlichen Praxis fleischlos war, sagt Franz von Assisi: «Ich will, daß sogar die Wände an einem solchen Tag Fleisch essen und, weil sie es nicht können, sollen sie wenigstens von außen damit bestrichen werden. An diesem Tag sollen die Armen und Hungernden von den Reichen gespeist werden. Ochs und Esel sollen mehr Korn und Heu als üblich bekommen. Wenn ich mit dem Kaiser reden kann, so werde ich ihn bitten, es solle ein Reichsgesetz erlassen werden, daß womöglich alle Leute Weizen und Korn auf die Wege streuen, damit die Vögel an einem solchen Hochfest Überfluß haben an Nahrung, besonders unsere Schwestern, die Lerchen.»

Daß Franziskus mehr ist als ein naiver Utopist, zeigt die politische Kraft seiner Predigt. Jede Predigt beginnt er mit dem Friedensgedanken, und zwar nicht in einer abstrakten Form, sondern höchst konkret. Das bezeugt uns Thomas von Split, der in Bologna dabei ist. Franz spricht die konkrete Situation an, die unversöhnliche Haltung der Familien und die von Blut und Tod getränkte Atmosphäre der Stadt. Mit dem Erfolg, daß der Friede eine vertragliche Sicherung erfährt. Ein ähnliches Mühen um den Frieden legt Franz in Arezzo, Perugia, Siena und Assisi an den Tag (102; 136; 144).

Für das Verständnis der Meditation könnte Franz von Assisi richtungweisend sein. Er hat ein inkarnatorisches Gottesbild. Darum darf Meditation nicht sich selbst genügen. Sie kann sich nicht monistisch verstehen: Sie darf nicht nur Gott kennen und die Schöpfung als Ganze und die einzelnen Dinge ins Nichts oder in die Verachtung abdrängen. Die Meditation kann sich auch nicht dualistisch verstehen: Sie darf den Alltag nicht unbeeinflußt lassen und den Sonntag durch eine unüberwindliche Kluft vom Werktag trennen. Meditation kann sich nur inkarnatorisch verstehen: Gott muß im Alltag Fleisch werden. Die Gottzugewandtheit in der Meditation fordert die Zuwendung zur Welt. Sie bricht die Geschichte der Menschen von innen her auf und stellt sie vor ihre Möglichkeit und Zukunft: den neuen Himmel und die neue Erde. Solche Meditation wandelt, verändert, heilt, bringt die Welt zu ihrem eigenen Wesen.

5. Die Kirche

Lehre und Praxis der Kirche

46 Alle Brüder sollen katholisch sein, leben und reden. Wenn einer in Wort oder in Tat vom katholischen Glauben und Leben abirrt und sich nicht von seinen Fehlern befreit, soll er aus der Gemeinschaft ausgeschlossen werden. Alle Kleriker und Ordensmänner sollen uns als Herren gelten in allem, was das Heil der Seele betrifft und nicht von unserem Ordensleben abweicht. Ihre Weihe, ihr Amt und ihren Dienst wollen wir im Herrn verehren. 23,19

Wenige Stellen in den Schriften des Franz von Assisi sind so hart und kompromißlos wie diese. Wo es um die Rechtgläubigkeit und die Kirchlichkeit geht, kennt er kein Zögern. Er spricht sogar eine Art Exkommunikation aus über alle, die nicht nach den dogmatischen und moralischen Vorstellungen der katholischen Kirche leben. Das hat seinen Grund in der Erkenntnis, daß Gottes-, Christus-, Eucharistie- und Kirchenerfahrung wesentlich ineinander verkettet sind. Man kann das eine nicht ohne das andere «haben», Gott und Jesus nicht ohne Kirche (112; 139).

Bestätigung und Gehorsam

47 Im Namen des Vaters, des Sohnes, des Heiligen Geistes. Dies ist das Leben nach dem Evangelium Jesu Christi, um dessen Anerkennung und Bestätigung Bruder Franziskus den Herrn Papst gebeten hat. Jener anerkannte und bestätigte es ihm und seinen gegenwärtigen und zukünftigen Brüdern. Bruder Franziskus, und wer immer Haupt dieser

Gemeinschaft sei, soll dem Herrn Papst Innozenz und seinen Nachfolgern Gehorsam und Ehrerweisung versprechen. Alle anderen Brüder sollen verpflichtet sein, dem Bruder Franziskus und seinen Nachfolgern zu gehorchen.

23,0

In seinem Testament betont Franziskus, daß er das Evangelium ohne Vermittlung gefunden habe. Gott selbst hat sich ihm durch das Wort der Schrift unmittelbar kundgetan. Aber was er da erfahren und entdeckt hat, will er in die Kirche einbringen (140) und vom Papst bestätigen lassen. Das Charisma muß sich in die Einheit und die Institution der Kirche eingliedern. Überdies wird die franziskanische Gemeinschaft durch ein Gehorsamsversprechen an den Papst und die Kirche gebunden. Die Frühgeschichte des Ordens zeigt, wie das zu verstehen ist. Die franziskanische Gemeinschaft will in ständiger Hellhörigkeit auf die Ereignisse und Erlasse der Kirche eingehen. So werden die Bestimmungen des Laterankonzils und der Päpste in die franziskanische Regel übernommen: Man braucht zur kirchenamtlichen Predigt eine besondere Erlaubnis (43). Man soll beim eigenen Pfarrer bzw. den eigenen Ordenspriestern beichten. Man soll sich an die Lehre und Praxis der Kirche halten (46). Man soll die Gefahren sehen, die der Zölibatäre im Umgang mit Frauen zu bestehen hat. Man soll regelmäßige Kapitel (Versammlungen) halten, um die Gemeinschaft zu erneuern. Man hat vor der endgültigen Entscheidung ein Einführungsjahr zu bestehen. Man darf die endgültige Entscheidung nicht mehr zurücknehmen und in keine andere religiöse Gemeinschaft eintreten. Franz von Assisi übernimmt aber nicht einfach blind kirchliche Bestimmungen. In einigen Fällen überbietet er sie, etwa bei der eucharistischen Frömmigkeit. Dabei fügt er aus eigenem Antrieb eine neue Andachtsform ein: die

Andacht vor dem Wort (108–112; 139), das die Voraussetzung des Sakramentes ist. Im Falle der Mission kommt es sogar zu einer alternativen Problemlösung (38). Daß aber auch die Kirche beeinflußt wird, beweisen 93–94: Franz bringt sein Leben in das Kräftespiel kirchlicher Gruppierungen ein.

Institutionelle Verankerung und Beheimatung

48 Im Gehorsam beauftrage ich die Minister, sie mögen den Herrn Papst um einen Kardinal der heiligen Römischen Kirche bitten. Dieser sei Führer, Beschützer und Lenker dieser Gemeinschaft, damit wir immer den Füßen dieser heiligen Kirche unterstellt und unterworfen sind, immer standhalten im katholischen Glauben (Kol 1,23) und die Armut, die Demut und das heilige Evangelium unseres Herrn Jesus Christus, das wir fest versprochen haben, befolgen. 22,12,3–4

Mit der Zeit stellt Franziskus fest, daß die Regelbestätigung (49) aus zwei Gründen nicht genügt: Der franziskanische Aufbruch ist in der kirchlichen Umwelt Mißverständnissen und Mißdeutungen ausgesetzt. Er ist zu neu und zu anders, als daß die Traditionalisten ruhig bleiben könnten. Franz vergleicht sie einmal mit einem Rudel Wölfe, das sich auf die Minderbrüder stürzt. Durch die Einsetzung eines Protektors würde den Angriffen der Traditionalisten jede Legitimität genommen. Dazu kommt auch ein innerer Grund: Die franziskanische Gemeinschaft ist inzwischen stark angewachsen. Damit kommen polare Tendenzen auf, die durch das Kardinalprotektorat in der Einheit gehalten werden könnten. Im obigen Regeltext ist bloß der zweite Grund ersichtlich, der erste ist in der Biographie ausdrücklich genannt. Franz sieht ein, daß der charismatische Aufbruch nur dann weiterbestehen kann, wenn er durch die institutionelle Beheimatung vor ordensinternen und -externen Gefahren geschützt wird.

Allerdings wehrt er sich mit allen Kräften dagegen, daß päpstliche oder andere Macht das franziskanische Leben der Kirche aufzwingt. Das Leben selbst soll sich einen Weg bahnen durch die vielgestaltigen Widerstände und Mißverständnisse hindurch (146). Er will auch nicht, daß sich seine Jünger in die Hierarchie eingliedern lassen. Sie sollen unten bleiben, an der Basis der Kirche.

Letztwillige Verfügung

Schreib: Ich segne alle meine Brüder, die in der Gemeinschaft sind und die kommen werden bis ans Ende der Zeit. 49
Weil ich wegen der Schwäche und dem Schmerz der Krankheit nicht imstande bin zu reden, tu ich durch diese drei Worte meinen Brüdern meinen Willen kurz kund:

> Im Zeichen meines Gedenkens, meines Segens und meines Testaments sollen sie
> immer sich gegenseitig lieben;
> immer unsere heilige Herrin, die Armut, lieben und hochachten;
> immer den Prälaten und allen Klerikern der heiligen Mutter Kirche treu ergeben sein.

Auf Drängen seiner Brüder bringt Franziskus angesichts des Todes die franziskanische Lebensform auf folgende Dreiheit: Bruderliebe, treue Liebe zur Armut, glaubende und gehorsame Existenz in der Kirche. An diesen neuralgischen Punkten erweist sich, ob der franziskanische Geist über den Tod des Franz von Assisi hinaus lebendig bleibt.

Was Franziskus zu Franziskus macht, ist nicht so sehr sein radikales Leben nach dem Evangelium oder seine Armut. Vor ihm und unabhängig von ihm leben und fordern das auch andere Bewegungen. Das eigentlich Franziskanische liegt vielmehr darin, daß Franziskus Evangelium und Armut innerhalb der Großkirche lebt und zur Sprache bringt. Er durchbricht den vordergründigen Widerspruch von Evangelium und Kirche. Er bahnt sich durch alle Korruption und allen Verrat einen Weg zum tiefsten Wesen der Kirche, zur Gegenwart des demütigen Gottes. Das ist die ständige Voraussetzung seines Lebens. Das ermöglicht ihm dann aber auch, ebenso radikal zu den Ursprüngen zurückzukehren und ein Leben zu führen, für das die kirchliche Umwelt nur das Wort «neu» haben kann. Er verkörpert jene Reform der Kirche, die die Fundamente wahrt, die Christus gesetzt hat. In ihm wird aber auch die Zukunft der Kirche greifbar, in die hinein sich jedes christliche Leben zu wandeln hat. Dieser Geist der Reform und des Fortschritts unter gleichzeitiger Solidarität mit der Großkirche ist für alle Zeiten modellhaft.

II. MEDITATIONEN, LIEDER, GEBETE

Franz von Assisi bewegt sich auf zwei Sprachebenen, die sich von einem Augenblick zum anderen ablösen können. Einerseits bewegt er sich auf einer Ebene, auf der er seinen Lebensstil beschreibt, Gesetze erläßt, nüchtern und sachlich über etwas spricht. Auf dieser Ebene ist er im Ausdruck hilflos und ohne großes Stilempfinden. Andererseits aber kann er plötzlich und unvermittelt, sogar mitten in einem Satz, auf eine zweite Sprachebene übergleiten und zum Dichter werden. Das trifft regelmäßig zu, wenn das Wort «Gott» oder «Jesus» über seine Lippen kommt. Er kann hier nicht in einer objektiven und distanzierten Sprache bleiben. Das Wort allein löst ein Begegnungsgeschehen aus. Er kann nicht über Gott oder Jesus reden, sondern nur zu ihnen. So entsteht plötzlich ein Gebet, ein Hymnus, ein Lied, ein Gedicht. Diese Eigenart des Heiligen führt dazu, daß wir über das, was sonst nur im Inneren des Menschen vorgeht, wenigstens in etwa eine Ahnung haben. Zusammen mit den gesonderten Meditationen, Liedern und Gebeten kommt so eine ganz ansehnliche Sammlung von Texten zustande, die zum Nachvollzug einladen.

1. Meditationsbild für Bruder Leo

50 Gott segne und behüte Dich
Er zeige Dir Sein Angesicht
und erbarme sich Deiner
Er wende Sein Angesicht Dir zu
und gebe Dir Frieden

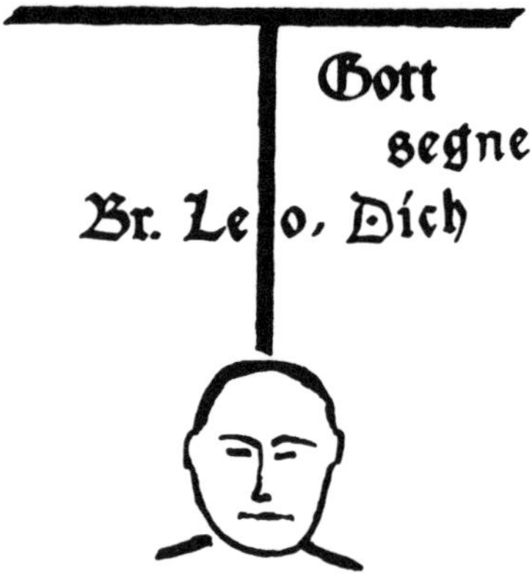

Vor Bruder Leo tun sich immer wieder die inneren Abgründe auf. Sie wollen ihn verschlingen und vernichten. Er ist ein Mann voller Not und Angst, von den verschiedensten und gegensätzlichsten Gefühlen und Kräften hin und her gerissen. Er fühlt sich durch alles und jedes immer wieder in Frage gestellt. Mehr als einmal sucht er Klärung und Trost in der Begegnung mit Franz von Assisi, der ihm mit mütterlicher Sorge und zarten Worten begegnet (8). In den letzten Jahren ist Bruder Leo der ständige Begleiter des Heiligen.

Mit dem Meditationsbild kommt Franziskus einem inneren Bedürfnis des Bruders entgegen. Unmittelbar zuvor hat Franziskus die Wundmale erhalten. Für Bruder Leo ist er darum ganz offensichtlich der Begnadete und von Gott Geliebte. Im Blick auf seinen eigenen Zustand löst das eine tiefgehende Depression aus – und das Bedürfnis, etwas Schriftliches von Bruder Franz in den Händen zu haben. So könnte er vielleicht in seiner Zerrissenheit Trost und Halt finden. Noch bevor Leo diesen Wunsch aussprechen kann, erkennt ihn Franziskus. Er zeichnet ein Bild, das Bruder Leo stets bei sich haben und anschauen kann.

Zuoberst steht der *aaronitische Segen* (Num 6,24–27), der in der mittelalterlichen Liturgie vor allem bei zwei Gelegenheiten Verwendung findet. Vielleicht lassen sie Rückschlüsse auf die innere Not des Bruders zu. Er kommt in der Liturgie des Hohen Donnerstags vor, bei der Rekonziliation (Versöhnung) der Sünder. Leidet Leo vielleicht an Selbstvorwürfen und Gewissensbissen, an verpaßten Chancen, falschen Wegen, nicht wahrgenommener Verantwortung, an Sünde und Schuld? Der Segen wird auch bei der Priesterweihe verwendet. Bruder Leo ist Priester. Leidet er vielleicht an seinem Priestertum, am Sinn seiner Berufung? Der Segen würde auf beide Fragen eine Antwort geben.

Unter diesem Segen steht ein großes *Tau* in der Farbe des Blutes, ein Kreuz, das mitten durch den Namen Leo und so durch ihn selbst hindurchgeht. Es ist über die Stirn eines *Kopfes* gezeichnet, vielleicht Adams, vielleicht Leos. Jeder ist ein Stigmatisierter, über jeden ist das Zeichen des Kreuzes gemacht. Auch über Leo. Er ist erwählt, berufen, geliebt, gehalten.

Auf der Rückseite schreibt Franziskus eine Art Litanei auf den großen Gott (101).

Meditationsbild, Litanei und auch der Brief an Bruder Leo (8) sind im Original noch erhalten.

2. Schriftmeditationen

Würde des Menschen (Gen 1,26)

Gedenke 51
Mensch
Der Erhabenheit
Mit der dich
Gott der Herr
Bedacht hat
Er schuf und formte dich
Als Abbild Seines geliebten Sohnes der Gestalt nach
Als Gleichnis dem Geist nach

Alle Geschöpfe
Unter dem Himmel
Erkennen
Ihren Lebensspender
Ihrem Wesen entsprechend
Sie dienen und gehorchen Ihm
Besser als du

Die Dämonen
Kreuzigten Ihn nicht
Du
Hast Ihn gekreuzigt
Mit ihnen
Du kreuzigst Ihn immer noch
Dich erfreuend in Laster und Sünde

Wessen kannst du dich noch rühmen
Wärest du noch so feinsinnig und weise
Hättest du alles Wissen (1 Kor 13,2)
Könntest du alle Sprachen verstehen

Und noch gründlicher
Alle himmlischen Dinge ergründen
Du könntest dich all dessen nicht rühmen
Ein einziger Dämon
Wußte vom Himmlischen
Und weiß vom Irdischen
Mehr als alle Menschen

Ebenso:
Wärest du schöner
Und reicher als alle andern
Könntest du Wunder wirken
Und Dämonen austreiben
All dies widerspräche dir
Es würde dein Wesen nicht betreffen
Du könntest dich dessen nicht rühmen

Rühmen können wir uns nur
Unserer Schwachheit (2 Kor 12,5)
Und täglich die Last tragen
Des heiligen Kreuzes unseres Herrn Jesus Christus
(Lk 14,27) 1,5

Der Mensch lebt im Widerspruch zu seinem Wesen. An und für sich muß man die Größe des Menschen preisen. Der Mensch ist ein Abglanz des Sohnes Gottes, dem Leibe nach Abbild, dem Geiste nach Gleichnis Jesu Christi. Doch der Mensch bleibt hinter seiner Größe zurück. Die vernunftlose und leblose Kreatur realisiert ihre Geschöpflichkeit besser als der Mensch. Auf ihre Weise erkennt und gehorcht sie dem Schöpfer besser. Naturgesetze, die der Schöpfer den Dingen eingeschrieben hat, sind unfehlbar, Instinkte und Triebe unbeirrbar. Nur der Mensch verfehlt seine Geschöpflichkeit (93; 102).

Für Sünde und Schuld ist und bleibt der Mensch verantwortlich. Er darf seine Verantwortung nicht auf Dämonen und Teufel abschieben. Er ist haftbar für das Übel dieser Welt, auch für die Kreuzigung Jesu, an der jeder auf seine Weise mitschuldig ist.

Darum hat der Mensch keinen Grund, sich zu rühmen. Weder die höchsten Fähigkeiten noch die besten Eigenschaften sind Grund und Anlaß genug. In der jetzigen Verfaßtheit des Menschen gibt es nur noch einen Weg, zur ursprünglichen Herrlichkeit und Würde zurückzugelangen: das Tragen des Kreuzes (116).

Besondere Aufmerksamkeit verdient die Dämonie des Wissens. Franz von Assisi steht in einer langen christlichen Tradition, nach der die Dämonen vor allem durch Wissen und Erkenntnis ohne Liebe definiert werden. Angesichts der Produkte moderner Wissenschaft und Erkenntnis und ihrer falschen Anwendungsmöglichkeiten (Atombombe, Genmanipulation...) darf man auch heute noch von der Dämonie des Wissens und der Technik reden.

Die Ursünde (Gen 2,16.17)

Von jedem Baum darfst du essen 52
Nicht essen darfst du
Vom Baum der Erkenntnis von Gut und Böse

Von jedem Baum konnte der Mensch essen
Solange er nicht gegen den Gehorsam verstieß
Sündigte er nicht

Der ißt vom Baum der Erkenntnis
Der seinen Willen zu seinem Eigentum erklärt
Und sich erhebt über das Gute
Das der Herr in ihm spricht und wirkt 1,2

Die Sünde Adams – und nach ihm die Sünde jedes Menschen – besteht in der Aneigung. Der Mensch schreibt sich selbst zu, was letztlich Gott und allen gehört. Er rechnet sich als Verdienst an, was im Grunde Gott zu ihm sagt und wirkt (59–63; 74).

Die Armut auf dem Prüfstand (Mt 5,3)

53 Glücklich die arm sind im Geist
Denn ihnen gehört die Welt Gottes

Viele
Sind eifrig in Gebet und Gottesdienst
Sie fasten viel und töten ihren Körper ab
Ein einziges Wort aber
Das ihrem ichbezogenen Selbst
Scheinbar Unrecht tut
Oder irgendeine Sache
Die ihnen weggenommen wird
Ist ihnen Ärgernis
Und bringt sie sofort aus der Fassung
Sie sind nicht arm im Geist
Wirklich arm im Geist ist
Wer sich selber haßt
Wer die liebt die ihn auf die Wange schlagen
(Mt 5,39) 1,14

Ob einer wirklich arm im Sinne Jesu ist, zeigt sich nicht so sehr in einer intensiven Gebets- und strengen Fasten- und Bußpraxis. Die Armut im Geist ist dann auf dem Prüfstand, wenn einer Kritik oder üble Nachrede erfährt.

Die Reinheit des Herzens (Mt 5,8)

Glücklich jene mit reinem Herzen 54
Denn sie werden Gott sehen

Das Herz jener ist wirklich rein
Die das Irdische verachten
Die nach dem Himmel trachten
Die nie aufhören
Den Herrn den lebendigen und wahren Gott
Anzubeten und zu schauen
Mit reinem Herzen und reinem Geist 1,16

Leidensfähigkeit und Friedenswille (Mt 5,9)

Glücklich jene die Frieden schaffen 55
Denn sie werden Söhne Gottes heißen
Der Knecht Gottes kann nicht erkennen
Wieviel Geduld in ihm ist
Und wieviel Demut
Solange man ihm zu Willen ist

Es kommt aber die Zeit
Wo jene die ihm zu Willen sein müßten
Das Gegenteil tun
Wieviel Geduld er dann beweist
Und wieviel Demut
So viel ist in ihm und nicht mehr 1,13

Wirklich Frieden schaffen jene 56
Die trotz allem was sie in der Welt erleiden
Mit Körper und Geist am Frieden festhalten
Aus Liebe zu Jesus Christus unserem Herrn 1,15

Zur Verbindung von Leidensfähigkeit und Friedenswillen vgl. 102.

Feindesliebe in der Nachfolge Jesu (Mt 5,44)

57 Wir Brüder alle
Wollen unsere Aufmerksamkeit darauf richten
Was der Herr sagt
Liebt eure Feinde
Tut Gutes denen die euch hassen
Denn unser Herr Jesus Christus
Dem wir nachfolgen müssen (1 Petr 2,21)
Hat Seinen Verräter Freund genannt (Mt 26,50)
Er hat sich freiwillig jenen preisgegeben
Die Ihn kreuzigten

Darum sind jene unsere Freunde
Durch deren Ungerechtigkeit
Wir Verwirrung und Angst erdulden
Scham und Unrecht
Schmerz und Folter
Marter und Tod
Diese müssen wir sehr lieben
Denn durch das was sie uns antun
Erlangen wir das ewige Leben 23,22,1–4

Franz von Assisi verknüpft hier die Feindesliebe mit dem Verhalten Jesu in seinem Leiden und Sterben. Obwohl ihn Judas verrät, nennt ihn Jesus Freund. Der Kreuzestod ist letztlich Ausdruck einer freien Hingabe. An diesem Verhalten ist Maß zu nehmen.

Diese Meditation gewinnt noch einige Aspekte aufgrund einer Hypothese, die sehr viel für sich hat. Nach dieser Meinung schreibt Franziskus diese Sätze vor 1219, gleichsam als letztwillige Verfügung vor seiner Abreise in den Orient, von wo er nicht mehr lebend zurückkommen möchte. Dort will er sich den Feinden des Christentums (den Sarazenen) stellen, sich ihnen überliefern und unter Umständen den Martertod erleiden (38).

Mit Jesus verwandt (Mt 12,50)

Verlobte Brüder und Mütter unseres Herrn 58
Jesus Christus
Verlobte sind wir Ihm
Wenn durch den Heiligen Geist
Die gläubige Seele
Mit Jesus Christus unserem Herrn verbunden ist

Brüder sind wir Ihm
Wenn wir tun
Den Willen Seines Vaters
Der im Himmel ist

Mütter sind wir Ihm
Wenn wir Ihn tragen
In unserem Herzen und unserem Körper (1 Kor 6,20)
In Liebe
Mit reinem und aufrichtigem Gewissen
Wenn wir Ihn gebären
In heiligem Tun (Mt 5,16)
Das anderen als Beispiel leuchten soll 9,1,8–11

Diese Meditation ist mit Lied 103 zu vergleichen, das hier unmittelbar anschließt und den Menschen mit dem dreifaltigen Gott verbindet. Ebenso ist die Strophe über die Mütterlichkeit des Menschen mit dem Marienlied 117 in Verbindung zu setzen.

Glücklich der Knecht (Mt 24,46)

Armut

59 Glücklich der Knecht
Der sich nicht mehr erhöht
Durch das Gute
Das der Herr durch ihn sagt und tut
Als durch das
Was Er durch einen anderen sagt und tut
Es sündigt der Mensch
Der mehr von seinem Nächsten erhalten will
Als er von sich geben will Gott dem Herrn 1,17

60 Glücklich der Knecht
Der alles Gute Gott dem Herrn zurückgibt
Denn wer etwas für sich behält
Verbirgt bei sich das Geld des Herrn seines Gottes
(Mt 25,18) 1,18

61 Glücklich der Knecht
Der sich einen Schatz im Himmel sammelt (Mt 6,30)
Vom Gut
Das ihm der Herr gezeigt hat
Der nicht wünscht es den Menschen zu offenbaren
Im Blick auf Lohn
Der Höchste selbst
Wird seine Werke offenbaren
Wann immer Er will

Glücklich der Knecht
Der die Geheimnisse des Herrn bewahrt
In seinem Herzen (Lk 2,19.51) 1,28

Über Armut: vgl. Text 52.

Bruderliebe

Glücklich der Mensch 62
Der seinen Nächsten trägt
In seiner ganzen Gebrechlichkeit
Wie er sich wünscht
Von jenem getragen zu werden
In seiner eigenen Schwäche 1,18

Glücklich der Knecht 63
Der seinen Bruder ebenso liebt
Wenn er krank ist und es ihm nicht vergelten kann
Wie wenn er gesund ist und es ihm vergelten kann 1,24

Glücklich der Knecht 64
Der seinen Bruder ebenso liebt und fürchtet
Wenn er weit entfernt ist
Wie wenn er bei ihm ist
Der nichts hinter seinem Rücken sagt
Was er vor ihm in Liebe nicht sagen könnte 1,25

Demütige «Diener»

Glücklich der Knecht
Der sich nicht für besser hält
Wenn er gelobt und erhöht wird von den Menschen
Als wenn er für gemein beschränkt und verächtlich
Gehalten wird
Wieviel der Mensch vor Gott ist
So viel ist er und nicht mehr
Wehe dem Ordensmann
Der
Von andern an die Spitze gesetzt

Nicht freiwillig herabsteigen will
Glücklich der Knecht
Der nicht durch eigenes Zutun
An die Spitze gesetzt wird
Und der immer wünscht
Zu Füßen der andern zu sein 1,19

66 Glücklich der Knecht
Der so demütig lebt
Bei denen die ihm untertan sind
Als wären sie seine Herren 1,23

Kommentar: vgl. Texte 14 ff.

Kritik und brüderliche Zurechtweisung

67 Glücklich der Knecht
Der Strenge Anklage und Tadel
Geduldig erträgt
Von einem andern wie von sich selbst

68 Glücklich der Knecht
Der bei Tadel freundlich und ruhig bleibt
Der ehrfürchtig gehorcht
Der demütig gesteht
Der gern Genugtuung leistet

69 Glücklich der Knecht
Der sich nicht vorschnell rechtfertigt
Der demütig Beschämung und Tadel erträgt
Für ein Vergehen
An dem er schuldlos ist 1,22

70 Glücklich der Knecht
Der immer verbleibt unter der Rute der Zurechtweisung
Treu und klug ist
Wer bei all seinen Verstößen nicht zögert
Buße zu tun
Durch Reue im Herzen
Durch Bekenntnis im Wort
Durch Genugtuung im Werk 1,23

Kommentar: vgl. Texte 20ff.

Gespräch

71 Glücklich der Ordensmann
Der Lust und Freude
Nur in den heiligsten Worten und Taten des Herrn findet
Der so mit Frohsinn und Freude
Den Menschen Anreiz gibt
Zur Liebe Gottes
Wehe dem Ordensmann
Der sich erfreut an unnützem und leerem Geschwätz
Der so den Menschen Anreiz gibt
Zum Gespött 1,20

72 Glücklich der Knecht
Der beim Reden nicht alles von sich gibt
Im Blick auf Lohn
Der nicht unbedacht redet (Spr 29,20)
Sondern weise voraussieht
Was er sagen muß und antworten
Wehe dem Ordensmann
Der das Gute das der Herr ihm gezeigt

Nicht in seinem Herzen bewahrt (Lk 2,19.51)
Der es andern nicht im Werk offenbart
Der im Blick auf Lohn vielmehr begehrt
Es den Menschen durch Worte zu zeigen
Er erhält seinen Lohn (Mt 6,2.16)
Und die es hören
Haben wenig davon 1,21

Kirche

73 Glücklich der Knecht
Der Vertrauen hat zu den Klerikern
Die in Wahrheit leben
Nach der Form der Römischen Kirche
Wehe denen die sie verachten
Sind sie auch Sünder
Steht es doch keinem zu
Zu urteilen
Der Herr allein behält sich vor über sie zu richten
Je größer ihr Dienst ist
Am heiligsten Leib und Blut unseres Herrn
Jesus Christus
Den sie empfangen
Und allein andern austeilen
Umso größer ist die Sünde derer
Die gegen sie sündigen
Größer als in allen andern Menschen dieser Welt 1,26

Nach alter christlicher Tradition darf niemand den Kleriker vor Gericht ziehen. Franziskus hinterfragt diesen Grundsatz. Die Besonderheit liegt in der Verwaltung der eucharistischen Gestalten. Darum bleiben sie in ihrem Verhalten dem Urteil Jesu überantwortet. Trotz aller Korruption bleibt das Verhalten zur Kirche ein positives (46–49; 139).

Diese Meditation zu Mt 24,46 bildet den zweiten Teil der sogenannten Ermahnungen des heiligen Franz, jener Spruchsammlung, die bisher zuwenig Beachtung gefunden hat. K. Eßer nennt sie «das Hohelied der inneren Armut und der christlichen Brüderlichkeit». Hier zeichnet Franziskus «in vielen Einzelzügen sein Idealbild vom christlichen Menschen», dem «Knecht Gottes», dem Minderbruder.

Nur einer ist gut (Röm 3,12)

Keiner tut Gutes 74
Nicht ein Einziger

Wer seinen Bruder um das Gute beneidet
Das der Herr durch ihn sagt und tut
Begeht die Sünde der Gotteslästerung
Er beneidet den Höchsten selbst (Mt 20,15)
Der alles Gute sagt und tut 1,8

Was aus dem Gedanken der Geschöpflichkeit heraus gesagt ist, gilt auch in bezug auf das mitmenschliche Verhältnis. Letztlich ist es gleichgültig, durch wen das Gute entsteht. Gott ist es, der das Gute sagt oder tut, ob durch mich oder einen anderen, ist nicht von Belang. Neid ist darum eine Gotteslästerung, weil er dem Menschen – einem anderen oder sich selbst – zuschreibt, was Gott gehört.

Der Buchstabe tötet (2 Kor 3,6)

75 Der Buchstabe tötet
Der Geist schenkt Leben

Der Buchstabe tötet jene
Die nur danach streben Worte zu kennen
Um für weiser zu gelten als andere
Um großen Reichtum zu erlangen
Den sie ihren Verwandten und Freunden schenken

Der Buchstabe tötet jene Ordensleute
Die dem Geist der göttlichen Schrift
Nicht folgen wollen
Die nur danach streben mehr Worte zu kennen
Und sie anderen zu erklären

Der Geist der göttlichen Schrift
Schenkt Leben jenen
Die jeden Buchstaben
Den sie kennen und zu kennen erstreben
Nicht sich selbst zuschreiben
Sondern in Wort und Beispiel zurückgeben
Gott dem höchsten Herrn
Dem alles Gut gehört 1,7

Wenn sich das Wissen von Gott loslöst, spricht Franziskus von der Dämonie des Wissens (51). Hier empfiehlt er eine andere Möglichkeit der Wissenschaft der Aufmerksamkeit seiner Brüder.

Studium und Wissenschaft können falschen Zielen dienen: dem eigenen Prestige und der Gewinnsucht. Wo immer eine Wissenschaft mißbraucht wird, um innerhalb der Gesellschaft privilegierte Stellungen zu erlangen, um dem Schein zu dienen statt dem Sein, verkennt sie ihr eigenes Wesen. Vielleicht müssen sich auch das elitäre Gehabe und der Fachjargon betroffen fühlen. Nur als unverzweckte Kommunikation ist das Wort etwas Lebendiges.

Ein weiterer Mißbrauch der Wissenschaft betrifft vornehmlich die Theologie. Wenn sie sich in bloßer Interpretation, Überlieferung und Information bewegt, verfehlt sie ihr Wesen. Theologie muß sich in erster Linie als Nachfolge verstehen, als Begegnungsgeschehen mit dem lebendigen Herrn. Nur wenn das Wort das eigene Leben oder das der andern verändert, ist das Wort etwas Lebendiges.

Schließlich wird Theologie die schöpfungsbedingte Armut des Menschen zur Erfahrung bringen. Hier kann sich die Sünde der Aneigung wiederholen (52). Das Wort ist nur als Ant-Wort etwas Lebendiges.

3. Meditation der Leidensgeschichte

Unter diesem Titel fassen wir das sogenannte Passionsoffizium des heiligen Franziskus zusammen. Es handelt sich dabei um eine besondere Art von Schriftmeditation. Um der Gebetsfreudigkeit der Laien eine Hilfe zu geben, geht Franziskus von einem vorgegebenen Gedanken aus. Von ihm her greift er aus den 150 Psalmen und anderen Teilen der Heiligen Schrift Verse auf und faßt sie zu neuen Psalmen zusammen. Hier und da verändert er die Vorlage oder macht Einfügungen, um den Gedanken besser hervorzuheben. (Eine der typischsten Einfügungen ist das «heiligster Vater», das in nahezu jedem Psalm steht. Franziskus verspürt offenbar die Nähe Gottes ebenso wie seine Ferne.) Franz von Assisi steht damit in einer Tradition, die schon beim heiligen Ulrich von Augsburg († 973) nachweisbar ist.

Bei Franz von Assisi ist Passion das ganze Heilsgeschehen, das im Leiden und Sterben seine äußerste Realisierung erfährt. So bricht das Leidensgeschehen selbst in weihnachtlichen und österlichen Psalmen immer wieder durch. Darum ist der Titel gerechtfertigt.

In den Anweisungen ist auch noch angegeben, wie diese Gebetsstunden dem äußeren Verlauf nach gestaltet werden sollen. Zuerst das Vaterunser, öfter auch in der erweiterten Fassung (124), dann der Aufruf zum Gebet (97,98), eine marianische Antiphon (118), als Mittelpunkt der Psalm, nochmals die marianische Antiphon und schließlich der Schlußspruch (99).

Verrat und Gefangennahme

Dir o Gott hab' ich mein Leben erzählt 76
Meine Tränen hast du vor dein Angesicht gebracht
(Ps 56,9)

Alle meine Feinde
Haben Böses wider mich ausgeheckt (Ps 41,8a)
Für üble Pläne
Hat sich eine Bande zusammengerottet (Ps 71,10c)

Böses haben sie mir getan für euch
Haß für meine Liebe erwiesen (Ps 109,5)

Statt mich zu lieben haben sie mich verleumdet
Ich aber betete (Ps 109,4)

Mein heiliger Vater,
König des Himmels und der Erde verlaß mich nicht
Denn die Drangsal naht und niemand hilft
(Joh 17,11; Ps 22,12)

Zurückweichen sollen meine Feinde
Wenn ich dich anflehe
Denn ich weiß mein Gott bist du (Ps 56,10)

Meine Freunde und Vertrauten standen in der Nähe
Meine Nächsten blieben abseits stehen (Ps 38,12)

Meine Vertrauten hieltest du ab von mir
Ihnen zum Abscheu hast du mich gemacht

Verraten bin ich und ausgeliefert
Gefangen ich kann nicht entweichen (Ps 88,9)

Heiliger Vater halte nicht fern von mir deine Hilfe
(Joh 17,11; Ps 22,20)

Mein Gott eile mir zu Hilfe (Ps 71,12)

Komm und hilf mir
Herr und Gott meines Heils (Ps 38,23) 20,1

Dieser Meditationspsalm setzt die Ölbergsituation Jesu voraus. Die Macht des Bösen ballt sich zusammen, Tränen, Einsamkeit und Verlassenheit, Verhaftung. In allem unerschütterliches Vertrauen und nicht ablassendes Gebet. In Vers 3 wird der Sinn, der hinter diesem Leiden steht, offenbar: für euch. Der Meditierende soll erfahren, daß dieses Leiden für ihn heilsbedeutend ist.

Ursprünglich sollte dieser Psalm am Hohen Donnerstag als Nachtgebet (Komplet) gebetet werden.

Der Gefangene und Verspottete

77 Herr und Gott mein Heil bist du
Am Tage habe ich zu dir geschrien
Und die ganze Nacht (Ps 88,2)

Mein Gebet finde einen Weg zu dir
Dein Ohr sei nahe meinem Flehen (Ps 88,3)

Neige dich zu meiner Seele und befreie sie
Um meiner Feinde willen rette mich (Ps 69,19)

Du bist es der mich herausholte
Aus der Mutter Schoß
Meine Hoffnung seit dem Tag meiner Geburt
Auf dich bin ich geworfen seit ich geboren (Ps 22,10)

Vom Mutterleib an bist du mein Gott
Laß mich nicht allein (Ps 22,11)

Du kennst meine Schmach und meine Schande
Meine Furcht steht dir vor Augen (Ps 69,20)

Du siehst alle die mich bedrängen
Schimpf erwartet mein Herz und Schande (Ps 69,21a–b)

Ich wartete auf einen der mit mir die Traurigkeit teilte
Aber es fand sich keiner

Ich hoffte daß einer mich tröstete
Doch niemand war da (Ps 69,21c-d)

Gott böse Menschen haben sich gegen mich erhoben
Die Gemeinde der Mächtigen verlangte meine Seele
Dich haben sie aus dem Auge verloren (Ps 86,14)

Schon zähl' ich zu denen die hinabsinken ins Grab
Ein Mensch ohne Hilfe bin ich bereit für den Tod
(Ps 88,5–6a)

Du bist mein allerheiligster Vater
Mein König und mein Gott (Ps 44,5a)

Eile mir zu helfen
Herr und Gott mein Heil bist du (Ps 38,23) 20,2

Der Psalm sollte ursprünglich als Matutin für den Karfreitag dienen. Von daher ist das Thema vorgegeben: Jesus im Gefängnis, in der Bedrängnis, aber doch in der Zuwendung des Vaters.

Verklärtes Leid

78 Erbarme dich meiner o Gott erbarme dich meiner
Denn auf dich baut meine Seele (Ps 57,2 a)

Im Schatten deiner Flügel finde ich Zuflucht
Bis die Bosheit vorüberzieht (Ps 57,2 b)

Ich schreie zu meinem heiligsten Vater
Dem Höchsten Herrn der Gutes an mir tut (Ps 57,3)

Er sandte Hilfe vom Himmel und befreite mich
Er gab alle der Schande preis die mein Leben zertreten
(Ps 57,4 a–b)

Gott sandte seine Barmherzigkeit und seine Wahrheit
Meine Seele entriß er den mächtigsten Feinden
Und allen die mich hassen (Ps 57,4 c; Ps 17,18)

Eine Falle haben sie meinen Füßen gestellt
Meine Seele haben sie gebeugt (Ps 57,7a–b)

Sie haben mir eine Grube gegraben
Doch sie selbst sind in sie gefallen (Ps 57,7c–d)

Mein Herz ist bereit o Gott mein Herz ist bereit
Ich will dir singen und spielen (Ps 57,8)

Stehe auf meine Herrlichkeit
Stehet auf Zither und Harfe
Ich will aufstehen im Morgenrot (Ps 57,9)

Ich will dich vor den Völkern preisen Herr
Vor den Heiden will ich dir singen (Ps 57,10)

Denn groß gemacht bis zum Himmel
ist dein Erbarmen
Bis zu den Wolken reicht deine Wahrheit (Ps 57,11)

Erhaben über alle Himmel ist Gott
Über alle Welt Seine Herrlichkeit (Ps 57,12) 20,3

Ursprünglich als Morgengebet des Karfreitags gedacht. Die Morgendämmerung führt dazu, das Leiden Jesu bereits von der Auferstehung her zu deuten. Jesus spricht so, als ob er alle Not und jeden Tod schon hinter sich hätte.

Geißelung und Verurteilung: Seht da den Menschen

Erbarme dich meiner o Gott 79
Denn der Mensch tritt mich mit Füßen
Den ganzen Tag bekämpft und bedrängt er mich (Ps 56,2)

Die Feinde treten mich mit Füßen den ganzen Tag
Viele sind es die gegen mich hetzen (Ps 56,3)

Alle meine Feinde hecken Böses aus wider mich
Ein böses Wort bringen sie in Umlauf gegen mich
(Ps 41,8b–9a)

Sie halten mich gefangen
Über mich halten sie Gericht (Ps 71,10b)

Sie mischen sich unter die Leute
Gerüchte streuen sie aus über mich (Ps 41,7–8)

Alle die mich sehen verspotten mich
Sie verziehen den Mund und schütteln den Kopf (Ps 22,8)

Ich bin ein Wurm und kein Mensch
Den Menschen zum Spott dem Volke zum Abscheu
(Ps 22,7)

Vor all meinen Feinden stehe ich da zum Spott
Ein Schrecken für meine Bekannten (Ps 31,12 a–b)

Heiliger Vater ziehe deine Hilfe nicht ab von mir
Ergreife du meine Verteidigung (Ps 22,20)

Eile mir zu helfen
Herr mein Gott mein Heil bist du (Ps 38,23) 20,4

Diese Meditation diente ursprünglich als Neun-Uhr-Gebet des Karfreitags. In ihrer Mitte steht das «Ecce homo»: der aller Verachtung preisgegebene Mensch, die demagogischen Vorgänge und dämonischen Umtriebe, die den Menschen zum Opfer des Menschen machen.

Am Kreuz

80 Laut schreie ich zum Herrn
Ich flehe zum Herrn mit lauter Stimme (Ps 142,2)

Ich schütte vor ihm meine Klage aus
Den Abgrund meiner Not öffne ich vor ihm (Ps 142,3)

Mein Geist entweicht mir
Meinen Lebensweg kennst du ganz (Ps 142,4a–b)

Ich ging diesen Weg
Die Stolzen stellten mir heimlich eine Falle (Ps 142,4c–d)

Ich blicke zu meiner Rechten
Niemanden sehe ich der mich kennt (Ps 142,5a–b)

Keine Möglichkeit der Flucht bleibt mir
Keiner ist der nach meinem Leben fragt (Ps 142,5c–d)

Deinetwillen erleide ich Schmach
Verwirrung ist ausgeschüttet über mein Gesicht (Ps 69,8)

Entfremdet wurde ich meinen Brüdern
Den Söhnen meiner Mutter bin ich ein Fremdling
(Ps 69,9)

Heiliger Vater
Der Eifer nach deinem Haus verzehrte mich
Das Gespött derer die deiner spotten
Ist auf mich gefallen (Ps 69,10)

Schadenfreudig lachten sie und kamen zusammen
Geißelhiebe wollten sie auf mich häufen
Und ich wußte nichts (Ps 35,15)

Zahlreicher als die Haare meines Hauptes sind geworden
Die mich hassen ohne Grund (Ps 69,5a–b)

Stark sind die Feinde die mich ohne Recht verfolgen
Büßen soll ich für etwas was ich nicht getan (Ps 69,5c–d)

Böswillige Zeugen standen auf
Sie wußten nichts und klagten mich an (Ps 35,11)

Sie vergelten mir Gutes mit Bösem (Ps 35,12a)
Sie verleumden mich – Ich aber verlange das Gute
(Ps 38,21)

Du bist mein heiligster Vater
Mein König und mein Gott (Ps 44,5)

Eile mir zu helfen
Herr und Gott mein Heil bist du (Ps 38,23) 20,5

Beim Zwölf-Uhr-Gebet des Karfreitags soll Jesus am Kreuz meditiert werden. Die vier ersten Verse entstammen Psalm 142, den Franziskus in der Stunde seines eigenen Sterbens gebetet hat. Er will seinem Tod vom Sterben Jesu her einen Sinn abringen.

Jesu Sterben

81 O ihr alle die ihr des Weges vorüberkommt
Schaut her und seht ob es einen Schmerz gibt wie meinen (Klgl 1,12a–b)

Denn es umlagern mich viele Hunde
Eine Rotte von Bösewichten umstellt mich (Ps 22,17)

Sie gaffen und weiden sich an mir
Sie teilen meine Kleider unter sich auf
Über mein Gewand werfen sie das Los (Ps 22,18b–19)

Sie durchbohren meine Hände und meine Füße
All meine Knochen zählen sie (Ps 22,17c–18a)

Sie reißen ihr Maul auf gegen mich
Wie ein gieriger und brüllender Löwe (Ps 22,14)

Wie Wasser bin ich ausgegossen
Zerstreut sind all meine Gebeine (Ps 22,15a–b)

Mein Herz ist wie zerflossenes Wachs
Mitten in meiner Brust (Ps 22,15c)

Wie ein Ziegelstein ist vertrocknet meine Manneskraft
Meine Zunge klebt an meinem Gaumen (Ps 22,16a–b)

Als Speise geben sie mir Galle
In meinem Durst reichen sie mir Essig zu trinken
(Ps 69,22)

Zum Staub des Todes drücken sie mich nieder (ps 22,16)
Über den Schmerz meiner Wunden häufen sie anderen
(Ps 69,27b)

Ich sterbe und stehe wieder auf (Ps 3,6)
Mein heiligster Vater nimmt mich auf in Seine
Herrlichkeit (Ps 72,24)

Heiliger Vater du hältst meine rechte Hand
Du führst mich in deinem Willen
Du nimmst mich auf in Herrlichkeit (Ps 73,24)

Was gehört mir im Himmel
Was erfreut mich auf Erden wenn nicht du (Ps 73,25)

Seht seht ich bin Gott sagt der Herr
Ich erhebe dich über die Heiden
Dich setze ich über die ganze Erde (Ps 46,11)

Gepriesen sei der Herr Gott Israels
Der die Seelen Seiner Diener erkauft mit dem eigenen Blut
Er verläßt keinen der auf ihn baut (Ps 34,23)

Wir wissen daß er kommt
Daß er kommen wird Gericht zu halten (Ps 96,13b) 20,6

Im Drei-Uhr-Gebet des Karfreitags soll man der Sterbestunde Jesu gedenken. Darum besteht es zur Hälfte aus Psalm 22, der nach christlicher Tradition das Sterbegebet Jesu ist. Es mündet aus in die Hoffnung, daß der Gekreuzigte als Richter wiederkommt.

Karfreitagsjubel

82 Ihr Völker alle klatscht in die Hände
Jauchzt Gott zu mit Jubelliedern (Ps 47,2)

Denn der Herr ist der Höchste
Ein furchtgebietender großer König über alle Welt
(Ps 47,3)

Der heiligste Vater im Himmel unser König vor aller Zeit
Hat Seinen geliebten Sohn aus der Höhe gesandt
Er hat das Heil gewirkt inmitten der Welt (Ps 74,12)

Der Himmel juble die Erde jauchze
Es stürme das Meer und was in ihm ist
Es frohlocke die Flur und was darauf wächst
(Ps 96,11–12a)

Singt ihm ein neues Lied
Singt dem Herrn alle Lande (Ps 96,1)

Denn groß ist der Herr und hoch zu preisen
Furchterregend ist er mehr als andere Götter (Ps 96,4)

Bringt dem Herrn ihr Völkerstämme
Bringt dem Herrn Ehre und Ruhm
Bringt dem Herrn Ehre für Seinen Namen (Ps 96,7–8a)

Räumt aus dem Weg euer eigenwilliges Ich
Und tragt Sein heiliges Kreuz
Befolgt bis zum Ende Sein heiligstes Gebot
(Lk 14,27; 1 Petr 2,21)

Vor Seinem Antlitz soll alle Welt bewegt sein
Sagt es allen Völkern:
Der Herr herrscht vom Holze herunter (Ps 96,9)

Er steigt auf zum Himmel
Und setzt sich zur Rechten des heiligsten Vaters

Erhaben über alle Himmel ist Gott
Über alle Welt Seine Herrlichkeit (Ps 57,12)

Wir wissen Er kommt
Er kommt Gericht zu halten (Ps 96,13b) 20,7

Nach vollbrachter Tat kann im Abendgebet (Vesper) des Karfreitags der Jubel nicht mehr zurückgehalten werden. Das Leiden wird als seligmachendes Leiden hingestellt und Christus als der Herrscher der Welt gepriesen. Ein Zusatz ist wichtig, der sich nicht in der alttestamentlichen Vorlage findet: «vom Holze herunter». Das Kreuz wird für den Christen zum Zeichen der Königsherrschaft Jesu (120). Von Bedeutung ist außerdem, daß Franziskus die gleichen Verse auch als Weihnachtspsalm verwendet, nicht zuletzt auch Vers 8. Weihnachten ist für ihn der Anfang des Kreuzes, das Kreuz die äußerste Realisierung der Menschwerdung. Beides gehört zusammen (90). Die beiden letzten Verse werden an Christi Himmelfahrt gebetet.

Die Psalmmeditationen 76–82, die ursprünglich am Karfreitag Verwendung finden, können auch während des Jahres gebetet werden: vom Fest der Erscheinung des

Herrn bis Ostern, von der Pfingstoktav bis zum Advent, die Sonn- und Feiertage ausgenommen. Offenbar ordnet Franziskus den Alltag dem Karfreitag zu. Die Spiritualität des Alltags ist durch das Kreuz geprägt.

Der Befreier der Armen

83 Gott komm mir zu Hilfe
Herr eile mir zu helfen

Schande und Furcht sollen über alle kommen
Die mir nach dem Leben trachten

Zurückweichen und erröten sollen alle
Die mir übel wollen

Beschämt sollen sich abwenden
Die lachen und höhnen: Es geschehe dir recht

Es sollen jauchzen und jubeln alle die dich suchen
Die dein Heil lieben sollen immer sagen: Groß ist Gott

Ich bin elend und arm
Gott hilf mir

Du bist mir Helfer und Befreier
Gott laß nicht auf dich warten (Ps 70,2–6) 20,8

Ursprünglich als Nachtgebet des Karsamstags gedacht. Von daher dürfen diese Verse wohl als Ungeduld vor dem Ereignis des großen Festes gedeutet werden: Der elende und arme Mensch erhofft sich Hilfe und Befreiung von der österlichen Botschaft.

Osterjubel

Singt dem Herrn ein neues Lied 84
Denn Wunderbares hat er getan (Ps 98,1a–b)

Seine Rechte hat geheiligt Seinen geliebten Sohn
Seine Kraft hat Ihn lebendig gemacht (Ps 98,1c–d)

Kundgetan hat der Herr Sein Heil
Vor dem Angesicht der Heiden
Offenbart er Seine Gerechtigkeit (Ps 98,2)

An jenem Tag
Hat Gott Seine Barmherzigkeit geschenkt
In der Nacht hat er Sein Lied angestimmt (Ps 42,9)

Das ist der Tag den Gott gemacht
Erfüllen wir ihn mit Jauchzen und Jubel (Ps 118,24)

Gesegnet der kommt im Namen des Herrn
Der Gott und Herr erleuchtet uns (Ps 118,26a–27a)

Der Himmel juble die Erde jauchze
Es stürme das Meer und was in ihm ist
Es frohlocke die Flur und was darauf wächst
(Ps 96,11–12)

Bringt dem Herrn ihr Völkerstämme
Bringt dem Herrn Ehre und Ruhm
Bringt dem Herrn Ehre für Seinen Namen (Ps 96,7–8a)

Ihr Reiche der Erde singt eurem Gott
Spielt auf dem Herrn mit eurer Harfe (Ps 68,33a)

Spielt dem Herrn der über die Himmel aufsteigt
Der sich begibt in die Röte des Morgens (Ps 68,33b–34a)

Seht Er gibt Seiner Stimme Kraft
Gebt Ehre dem Herrn über Israel
Seine Herrlichkeit und Kraft ist über den Wolken
(Ps 68,34b–35)

Wunderbar ist Gott in Seinen Heiligen
Der Gott Israels gibt Stärke und Kraft Seinem Volk
Gesegnet ist Gott (Ps 68,36) 20,9

Ostermatutin (die vier letzten Verse an Christi Himmelfahrt). Für die anderen Tagzeiten werden frühere Psalmmeditationen wieder aufgegriffen: Morgengebet 78, Neun-Uhr-, Zwölf-Uhr- und Drei-Uhr-Gebet 86, Abendgebet 82. Das Osteroffizium wird bis Christi Himmelfahrt gebetet.

Sonntäglicher Weckruf

85 Jubelt dem Herrn alle Lande
Singt ein Lied Seinem Namen
Gebt ihm Ehre und Preis (Ps 66,1–2)

Bekennt vor Gott: Furchterregend sind deine Werke Herr
Vor deiner gewaltigen Kraft müssen sich beugen all deine Feinde (Ps 66,3)

Alle Lande beten dich an und singen dir
Sie preisen deinen heiligen Namen (Ps 66,4)

Kommt hört alle die ihr Gott fürchtet
Ich sage euch: Großes hat der Herr an mir getan
(Ps 66,16)

Mit lauter Stimme rufe ich zu Ihm
Und meine Zunge tanzt (Ps 66,17)

Er hört meine Stimme vor Seinem heiligen Tempel
Mein Geschrei ist vor Seinem Angesicht (Ps 18,7c–d)

Segnet ihr Heiden unseren Herrn
Laßt Sein Lob erschallen (Ps 66,8)

Alle Stämme der Erde sollen Ihn segnen
Alle Heidenvölker Ihm singen (Ps 72,17c–d)

Gesegnet sei der Herr der Gott Israels
Wunderbares und Großes hat er getan – ganz allein
(Ps 72,18)

Der Name Seiner Herrlichkeit sei gesegnet
In alle Ewigkeit
Und alle Erde werde voll von Seiner Herrlichkeit

Es geschehe
Es geschehe (Ps 72,19) 20,10

Das sonntägliche Neun-Uhr-Gebet hört sich wie ein Weckruf an: Der Sonntag ist der Tag, an dem Gott gelobt und gefeiert werden soll.

Zuflucht der Armen

Es erhöre dich der Herr am Tage der Not
Es schütze dich der Name des Gottes Jakobs (Ps 20,2)

Er schicke dir Hilfe vom Heiligtum aus
Vom Berg Sion schütze er dich (Ps 20,3)

Er gedenke deines Opfers
Dein Ganzopfer mache Ihn gnädig (Ps 20,4)

Er gebe dir nach der Sehnsucht deines Herzens
Er lasse gelingen all deine Pläne (Ps 20,5)

Wir wollen uns freuen in deinem Heil
Im Namen des Herrn unseres Gottes
Wollen wir groß werden (Ps 20,6)

Es erhöre Gott all deine Bitten
Ich weiß jetzt (Ps 20,7a–b)
Gott sandte Seinen Sohn
Unseren Herrn Jesus Christus
Er wird die Völker in Gerechtigkeit richten (Ps 20,9b)

Der Herr ist zur Zuflucht der Armen gemacht
Zum Helfer in Not und Bedrängnis
Alle sollen auf dich hoffen die deinen Namen kennen
(Ps 9,10f.)

Gesegnet sei der Herr mein Gott (Ps 144,1)
Er ist meine Zuflucht und mein Beschützer
Am Tage meiner Not (Ps 59,17c–d)

Mein Helfer ich will dir spielen
Du bist meine Hilfe mein Gott meine Barmherzigkeit
(Ps 59,18) 20,11

Der zentrale Satz dieses sonntäglichen Zwölf-Uhr-Gebetes ist die Einfügung: Gott hat seinen Sohn gesandt. Bei ihm ist dem Menschen Asyl gewährt, dem Armen und Verfolgten ist ein Freiheitsraum gegeben. Im übrigen lassen viele Ausdrücke eine eucharistische Deutung zu. Der Psalm dürfte darum eine Art Rückblick auf die eucharistische Feier der Erlösung sein.

Vertrauen in den Erlöser

Auf dich o Herr habe ich gebaut 87
Ich werde nicht wanken in Ewigkeit
In deiner Gerechtigkeit mache mich frei und los
(Ps 71,1b–2a)

Neige dein Ohr mir zu
Und rette mich (Ps 71,2b)

Sei mir o Gott ein sicherer Ort und eine feste Burg
Mache mich heil (Ps 71,3a–b)

In dir Herr finde ich meine Geduld
Herr du bist meine Hoffnung von Jugend an (Ps 71,5)

In dir bin ich stark von Mutterschoß an
Von der Mutterbrust weg bist du mein Beschützer
Dich will ich besingen in Ewigkeit (Ps 71,6)

Mein Mund fließe über von Lob
Damit ich deine Herrlichkeit singe
Den ganzen Tag deine Größe (Ps 71,8)

Erhöre mich Gott denn gütig ist dein Erbarmen
Wie du tausendmal dich erbarmst
So erbarme dich meiner (Ps 69,17)

Wende dein Antlitz nicht weg von deinem Sohn
Ich bin verwirrt erhöre mich so schnell wie möglich
(Ps 69,18)

Gesegnet sei der Herr mein Gott
Er ist meine Zuflucht und mein Beschützer
Am Tage meiner Not (Ps 59,17c–d)

Mein Helfer ich will dir spielen
Du bist meine Hilfe mein Gott meine Barmherzigkeit
(Ps 59,18) 20,12

Das Drei-Uhr-Gebet ist durch die Sterbestunde Christi geprägt. Seine Grundhaltung ist Vertrauen und Bitte um Erlösung.

Die Psalmen 85–87 sollen als Sonn- und Feiertagsoffizium gelten. Die übrigen Psalmen sind: Nachtgebet 83, Sonntagsmatutin 84, Morgengebet 78, Abendgebet 82.

Gottferne, Schmerz, Nacht und Tod des Menschen

88 Wie lange noch Herr vergißt du mich ganz
Wie lange noch wendest du dich ab von mir

Wie lange noch muß ich zu Rate gehen
Schmerzen tragen den ganzen Tag
In meinem Herzen

Wie lange noch soll der Feind über mich triumphieren
Schau her und erhöre mich Herr mein Gott

Erleuchte meine Augen
Daß ich nicht sterbend entschlafe

Mein Feind darf sich nicht rühmen:
Ich habe ihn besiegt

Die mich bedrängen werden jubeln
Wenn ich überwältigt bin
Ich aber setze auf dein Erbarmen

Mein Herz wird tanzen in deinem Heil
Ich werde dem Herrn singen der Gutes an mir getan
Ich werde den Namen des höchsten Herrn preisen
(Ps 13,1–6) 20,13

Ein adventliches Nachtgebet: Ein eindringlicher Ruf aus Gottferne, Schmerz und Nacht des Menschen.

Ein Erbe in Aussicht

Ich preise dich Herr heiligster Vater 89
König des Himmels und der Erde
Du bist mein Trost (Jes 12,1)

Du bist Gott mein Erlöser
In dich hab' ich Vertrauen und fürchte mich nicht
(Jes 12,2a–b)

Meine Stärke und mein Lied bist du Herr
Zum Heil bist du mir geworden (Jes 12,2c)

Deine Rechte Herr erweist sich als mächtig und stark
Deine Rechte Herr zerschmettert den Feind

In deiner erhabenen Größe
Wirfst du die Feinde zu Boden (Ex 15,6–7a)

Die Armen sollen sehen und sich freuen
Sucht Gott und es lebt eure Seele (Ps 69,33)

Himmel und Erde sollen ihn loben
Das Meer und alle Tiere in ihm (Ps 69,35)

Gott heilt Sion
Er baut die Städte Judas wieder auf (Ps 69,36a–b)

Man wird dort wohnen
Und ein Erbe antreten (Ps 69,36c)

Die Nachkommenschaft wird es besitzen
Wer Seinen heiligen Namen ehrt wird darin wohnen
(Ps 69,37) 20,14

Eine adventliche Matutin, die der nahen Erlösung gewiß ist: Ein Erbe ist in Aussicht gestellt.

Auch diese beiden Psalmen müssen für andere Gebetszeiten ergänzt werden: Morgengebet 58, Neun-Uhr-Gebet 85, Zwölf-Uhr-Gebet 86, Drei-Uhr-Gebet 87, Abendgebet 82.

Weihnachtsjubel

90 Jubelt Gott unserem Helfer (Ps 81,2a)
Frohlockt Gott dem Herrn
Dem Lebendigen und Wahren (Ps 47,2b)

Denn Gott ist der Höchste
Ein furchtgebietender großer König über alle Welt
(Ps 47,3)

Der heiligste Vater im Himmel
Unser König vor aller Zeit (Ps 74,12a)

Sandte Seinen geliebten Sohn aus der Höhe
Von der Heiligen Jungfrau Maria ist Er geboren

Er selber hat mich gerufen: Mein Vater bist du
(Ps 89,27a)
Als Erstgeborenen gebe ich Ihn
Erhaben über alle Könige der Erde (Ps 89,28)

An jenem Tag
Hat Gott Seine Barmherzigkeit geschenkt
In der Nacht hat er Sein Lied angestimmt (Ps 42,9a–b)

Das ist der Tag den der Herr gemacht
Erfüllen wir ihn mit Jauchzen und Jubel (Ps 118,24)

Denn ein heiligstes und allerliebstes Kind
Ist uns gegeben (Jes 9,7)
Unterwegs für uns geboren und in die Krippe gelegt
Denn es war kein Platz in der Herberge (Lk 2,7)

Ehre in der Höhe dem Herrn unserem Gott
Friede auf Erde den Menschen guten Willens (Lk 2,14)

Der Himmel juble die Erde jauchze
Es stürme das Meer und was in ihm ist
Es frohlocke die Flur und was darauf wächst
(Ps 96,11–12a)

Singt dem Herrn ein neues Lied
Singt dem Herrn alle Lande (Ps 96,1)

Groß und zu loben ist der Herr
Furchterregend über allen Göttern (Ps 96,4)

Bringt dem Herrn ihr Völkerstämme
Bringt dem Herrn Ehre und Ruhm
Bringt dem Herrn Ehre für Seinen Namen (Ps 96,7–8a)

Räumt aus dem Weg euer eigenwilliges Ich
Und tragt Sein heiliges Kreuz
Befolgt bis zum Ende Sein heiligstes Gebot
(Lk 14,27; 1 Petr 2,21) 20,15

Eine abendliche Weihnachtsmeditation. Wichtig ist der Schlußvers, der das Kreuzesgeschehen als den Höhepunkt der Menschwerdung Gottes erscheinen läßt (82).

4. Lieder

Der Titel, dem die kommende Textsammlung zugeordnet ist, ist eine Verlegenheitslösung. Er möchte dastehen für «lauda» (italienisch) oder «laus» (lateinisch). Was darunter genauer gemeint ist, muß dem nachstehenden Beispiel entnommen werden.

Ein Modell-Lied

Solche und ähnliche Ermahnungen und Lieder können alle meine Brüder wenn es ihnen gefällt allen Menschen verkünden mit dem Segen Gottes:
Fürchtet und verherrlicht
Lobt und segnet (1 Thess 5,18)
Betet an
Den Herrn
Dankt dem allmächtigen Gott
In der Dreiheit und der Einheit
Dem Vater dem Sohn und dem Heiligen Geist
Dem Schöpfer aller Dinge

Tut Buße (Mt 3,2)
Bringt würdige Früchte eurer Buße hervor (Lk 3,8)
Denn wir werden bald sterben
Gebt und euch wird gegeben (Lk 6,38)
Vergebt und euch wird vergeben (Lk 6,37)
Wenn ihr den Menschen nicht ihre Schuld vergebt (Mt 6,14)
Vergibt euch der Herr eure Schuld nicht (Mk 11,25)
Bekennt all eure Schuld (Jak 5,16)
Glücklich die in Buße sterben
Sie werden im Reich des Himmels sein

Weh jenen die nicht in Buße sterben
Sie werden Söhne des Teufels sein
Dessen Werke sie tun (Joh 8,41)
Sie werden ins ewige Feuer kommen
Nehmt euch in acht
Hütet euch vor allem Bösen
Haltet aus im Guten bis zum Ende 23,21

Wie die Einleitung dieses Textes zeigt, handelt es sich bei diesem Lied um ein Modell, nach dem die Brüder ihre Ermahnungen und Lieder gestalten sollten. Um es verstehen zu können, ist es im Zusammenhang mit dem Streit um die Laienpredigt zu sehen.

In den ersten tausend Jahren der Kirche besteht ein Verkündigungsmonopol der Bischöfe und Priester. Im zwölften Jahrhundert entstehen an der Basis der Kirche verschiedene Laienbewegungen, die nach dem Evangelium in radikaler Armut leben wollen. Unter ihnen vor allem die Waldenser, die nicht eigentlich wegen dogmatischer Unterschiede mit der Kirche in Konflikt geraten. Stein des Anstoßes ist vielmehr, daß sie das Verkündigungsmonopol des Klerus nicht beachten. In der Hitze des Gefechts übersieht die offizielle Kirche, daß es diesen Gruppen gar nicht um die kirchenamtliche Verkündigung (Predigt) geht: Sie vermeiden es sogar, den gängigen Ausdruck zu gebrauchen. Es geht um eine neue Form der Verkündigung, die sich ganz wesentlich von der herkömmlichen Predigt unterscheidet. Die Exhorte, wie diese Mahnrede genannt wird, findet nicht wie die Predigt im Kirchenraum statt, sondern auf den öffentlichen Plätzen der Stadt (45). Man will die Leute dort aufsuchen, wo sie ihren Alltag verbringen. Ihr Gegenstand ist nicht wie bei der Predigt die kirchliche Lehre, sondern die Praxis der Gläubigen. Sie sollen zu einer konsequenten und praktischen Lebensführung aus dem Geist

Christi (Buße) aufgerufen werden. Unter Innozenz III. wandelt sich das Verhalten des kirchlichen Amtes bezüglich dieser Art Verkündigung. Franz von Assisi kann darum allen Brüdern die Exhorte erlauben (43) und gibt dafür das obenstehende Modell.

Er überbietet allerdings die vor ihm bestehende Exhorte. Der franziskanische Begriff «Buße» «ist eben doch sehr viel breiter angelegt und neutestamentlicher verstanden als die Reformpredigt der bisherigen Gruppen. Verglichen mit ihrer Neigung zu antihäretischer und antihierarchischer Frontstellung ist der franziskanische Bußbegriff für die ganze Breite biblischer Umkehr offen: Er ruft nicht nur zur Abkehr von eigenen und kollektiven Sünden, sondern auch zur Dankbarkeit, zu evangelischer Freude und Gelassenheit, zum Frieden. Bei allem ethischen Anspruch vermittelt diese Verkündigung aufgrund der doxologischen Grundhaltung des Heiligen so viel von der Frohen Botschaft des Evangeliums, daß sie mit den Begriffen ‹Moral- oder Sittenpredigt› im Gegensatz zur ‹Glaubenslehre› nicht charakterisiert werden kann; in ihrer evangelischen Schlichtheit liegt sie dieser Unterscheidung in gewisser Weise voraus» (R. Zerfaß). Es ist bedeutsam, daß Franziskus der Exhorte den Begriff «laus» oder «lauda» gleichsam gleichberechtigt zuordnet. Vielleicht dürfen wir sogar sagen: Mit Franziskus hat die Exhorte nicht nur einen breiteren Inhalt und einen froh machenden Grundton, sondern auch eine bestimmte sprachliche Form gefunden. Diese Form ist verwandt, wenn nicht identisch, mit derjenigen der «Laudi». «Den Laudi liegen religiöse, meist nichtliturgische, volkstümliche Dichtungen in italienischer, selten lateinischer Sprache zugrunde, die auf sehr einfache Melodien zuerst einstimmig, seit dem Ende des 14. Jahrhunderts überwiegend mehrstimmig gesungen wurden» (L. Hoffmann-Erbrecht).

Das Modell, das Franz von Assisi gibt, läßt sich in zwei Strophen aufteilen. Der Inhalt der ersten ist Anbetung und Dank. Die zweite fordert auf zu Umkehr und Buße.

Nicht immer lassen sich die beiden Gedanken so säuberlich auseinanderhalten. Vielleicht ist der Aufruf nur noch in der Tiefe eines alles umfassenden Lobes vernehmbar wie im Sonnengesang (102). Ein anderes Mal kann das Lob zurücktreten wie bei 119. Jedenfalls lohnt es sich, dieses Modell-Lied zum Kriterium einer besonderen literarischen Gattung zu machen.

Die hier genannten Lieder sind also eine besondere Form der mittelalterlichen Exhorte. Der Adressat ist allerdings nicht immer die Stadtbevölkerung, sondern oft genug auch die eigene Gemeinschaft, der Franziskus auf brieflichem Wege seine Mahnungen zukommen läßt.

Diese Liedersammlung zeigt eine ungeahnte poetische Dichte. Nachdem Franz von Assisi den Sonnengesang (102) gedichtet und komponiert hat, läßt er den Bruder Pazifik kommen, «der in der Welt der ‹König und Dichter› genannt wurde und ein Lehrer der Gesangskunst war. Er wollte ihm einige Brüder mitgeben, und sie sollten durch die Welt ziehen, predigend und das Lob Gottes singend. Und wer von ihnen am besten predigen könne, sollte zuerst dem Volke predigen, und dann sollten alle zusammen, gleichsam als Spielleute Gottes, das Lob des Herrn singen. Nach dem Lied aber sollte der Prediger zum Volk sprechen: ‹Wir sind die Spielleute des Herrn, und ihr sollt uns dadurch belohnen, daß ihr ausharrt in der wahren Buße.› Und er sprach: ‹Was sind die Knechte Gottes anderes als Spielleute, die an die Herzen der Menschen rühren und sie mit Heiterkeit des Geistes erfüllen?›» (Spiegel der Vollkommenheit).

Ursprünglich haben diese Lieder also Melodien gehabt, die uns verlorengegangen sind.

Hört Söhne Gottes

Hört 92
Söhne Gottes und meine Brüder
Und vernehmt meine Worte (Apg 2,14)

Neigt das Ohr (Jes 55,3) eures Herzens
Hört auf die Stimme des Sohnes Gottes

Haltet Seine Gebote mit ganzem Herzen
Erfüllt Seinen Rat mit ganzem Gemüt

Bekennt: Er ist gut (Ps 136,1)
Preist Ihn in euren Werken (Tob 13,6)

Denn dazu sandte Er euch
In alle Welt
Damit ihr
Durch Wort und Werk
Zeugnis gebt von Seiner Stimme
Und alle wissen laßt
Daß niemand allmächtig ist außer Ihm (Tob 13,4)

Haltet aus in Buße und in heiligem Gehorsam (Hebr 12,7)
Erfüllt was ihr Ihm versprochen habt
In gutem und festem Vorsatz

Wie Söhnen
Gibt sich uns hin
Gott der Herr (Hebr 12,7) 13,5–12

Dieses Lied ist ein erstes Beispiel für die briefliche Form der Exhorte (vgl. 91). Sie richtet sich an die eigenen Brüder. Sie bringt in Erinnerung, daß Gott sich ihnen als seinen Söhnen hingibt (Jesu Tod). Durch die Konsequenz ihres Lebens und durch das Wort sollen die Brüder aus dieser Vorgabe leben.

Das große Dankgebet

93 Allmächtiger
Heiligster
Höchster und erhabenster Gott
Heiliger und gerechter Vater
Herr König des Himmels und der Erde
Um deiner selbst willen
Sagen wir dir Dank
Durch deinen heiligen Willen
Und durch deinen einzigen Sohn
Hast du
Zusammen mit dem Heiligen Geist
Alles geschaffen
Alles Geistige
Alles Leibliche
Uns hast du nach deinem Bild dir ähnlich gemacht
Und hast uns ins Paradies gestellt (Gen 1,26; 2,15)

Durch eigene Schuld
Sind wir gefallen

Wir sagen dir Dank
Durch deinen Sohn hast du uns geschaffen
Durch deine heilige Liebe
Mit der du uns geliebt (Joh 17,26)
Hast du Ihm selbst Leben gegeben
Als wahrem Gott und wahrem Menschen
Aus der herrlichen Jungfrau

Der seligsten heiligen Maria
Durch Sein Kreuz und Sein Blut und Seinen Tod
Hast du uns die wir gefangen waren befreien wollen

Wir sagen dir Dank
Dein Sohn selbst
Wird kommen
In der Herrlichkeit Seiner Größe
In das ewige Feuer wird er stürzen die Verdammten
Die nicht Buße tun wollten
Die dich nicht kannten
Er wird sagen zu allen
Die dich kannten
Die dich anbeteten
Die dir dienten in Buße
Kommt ihr Gesegneten meines Vaters
Erbt das Land
Das euch bereitet ist
Seit Beginn der Welt (Mt 25,34)

Wir alle sind elende Sünder
Nicht würdig dich zu nennen
Wir flehen demütig
Unser Herr Jesus Christus
Dein geliebter Sohn
An dem du dein Wohlgefallen hast (Mt 17,5)
Sage dir Dank
Für alle
Zusammen mit dem Heiligen Geist dem Tröster
Wie es dir und Ihm gefällt
Er ist dir immer Erfüllung und Freude in allem
Er durch den du uns so Großes getan Alleluja

Die herrliche Mutter allezeit seligste Jungfrau Maria
Die heiligen Michael Gabriel Raffael
Alle Chöre der Seligen
Die Serafim Cherubim und Throne
Die Herrschaften Fürstentümer und Gewalten
Die Kräfte Engel und Erzengel
Den seligen Johannes den Täufer
Johannes den Evangelisten
Petrus und Paulus
Die seligen Patriarchen
Propheten und unschuldigen Kinder
Die Apostel Evangelisten und Jünger
Die Märtyrer Bekenner und Jungfrauen
Die seligen Elija und Henoch
Alle Heiligen
Die waren sein werden und sind
Bitten wir demütig um deiner Liebe willen
Daß sie dir Dank sagen
Wie es dir gefällt
Dir dem höchsten wahren Gott
Dem Ewigen und Lebendigen
Zusammen mit deinem geliebten Sohn
Unserm Herrn
Jesus Christus
Und dem Heiligen Geist dem Tröster
In alle Ewigkeit (Offb 19,3)
Amen Alleluja (Offb 19,4) 23,23,1–6

Erklärung nach Text 94b.

Gott dem Herrn dienen

Die Gesamtheit derer
Die Gott dem Herrn
Dienen wollen
In der heiligen katholischen und apostolischen Kirche
Alle Geweihten
Die Priester Diakone Subdiakone Akolythen
Die Exorzisten Lektoren Ostiarier und alle Kleriker
Die Gesamtheit der Ordensmänner und Ordensfrauen
Und die sich ihnen verwandt fühlen
Die Kleinen Armen und Notleidenden
Könige und Fürsten
Arbeiter und Bauern
Knechte und Herren
Alle Jungfrauen Ehelosen und Verheirateten
Laien Männer und Frauen
Alle Kinder Jugendliche Erwachsene und Greise
Gesunde und Kranke
Alle Kleinen und Großen
Alle Völker Geschlechter Stämme und Sprachen
(Offb 7,9)
Alle Nationen und alle Menschen
Die irgendwo auf der Erde sind und sein werden

Bitten wir Minderbrüder alle
Wir unnützen Knechte (Lk 17,10)
Demütig
Daß wir alle in wahrem Glauben und in Buße aushalten
Niemand kann auf andere Weise gerettet werden 23,23,7

Erklärung nach Text 94b.

Wir alle wollen lieben

94b Wir alle wollen lieben mit ganzem Herzen
Mit ganzer Seele
Mit ganzem Geist
Mit ganzer Kraft (Mk 12,10) und ganzem Mut
(Mk 12,33)
Mit ganzem Empfinden
Mit ganzen Kräften (Lk 10,27)
Mit ganzer Beschwingtheit
Mit ganzer Zärtlichkeit
Mit ganzem Gemüt
Mit allem Wünschen und Wollen
Gott den Herrn (Mk 12,30)

Den ganzen Leib
Die ganze Seele
Das ganze Leben
Hat Er uns allen gegeben
Und gibt es noch

Geschaffen hat Er uns
Erlöst
Und einzig Sein Erbarmen wird uns retten

Uns Erbarmungswürdigen und Elenden
Uns Hinfälligen und Verwesenden
Uns Undankbaren und Böswilligen
Hat Er alles Gute getan
Und tut es noch

Nichts anderes wollen wir wünschen
Nichts anderes wollen
Nichts anderes soll uns gefallen und erfreuen

Als der Schöpfer
Der Erlöser
Unser Retter
Der einzig wahre Gott

Das volle Gut ist Er
Alles Gut
Das ganze Gut
Das wahre und höchste Gut
Er allein ist gut (Lk 18,19)
Zärtlich
Sanft
Lieblich und süß

Er allein ist heilig gerecht wahr
Heilig und unbeugsam
Er allein ist gütig
Will keinerlei Schaden
Er allein ist rein

Von Ihm und durch Ihn und in Ihm (Röm 11,36)
Ist alle Vergebung
Alle Gnade
Alle Herrlichkeit
Für alle die Buße tun und gerecht sind
Für alle Seligen die im Himmel sich freuen

Nichts soll hindern
Nichts trennen
Nichts stören
Überall

An jedem Ort
Zu jeder Stunde

Zu jeder Zeit
Täglich und fortwährend
Wollen wir aufrichtig und demütig glauben
Wir wollen den höchsten und erhabensten
Ewigen Gott
Im Herzen behalten
Lieben
Ehren
Anbeten
Loben und Segnen
Verherrlichen
Über alles erheben und hochschätzen
Wir wollen dem Dreifaltigen und Einen
Dienen und danken
Dem Vater dem Sohn dem Heiligen Geist
Dem Schöpfer aller
Dem Retter aller
Die an ihn glauben auf ihn hoffen und ihn lieben

Ohne Anfang ist Er und ohne Ende
Unveränderbar
Unsichtbar
Unbeirrbar
Unaussprechbar
Unfaßbar
Unerforschbar

Gesegnet
Lobwürdig
Herrlich
Über alles erhaben
Ausgezeichnet
Sanft
Lieblich

Ergötzlich
Über alles begehrenswert
In Ewigkeit
Amen 23,23,8–11

93 und 94 bilden eine literarische Einheit. Sie sind bloß für den besseren Gebrauch in drei Stücke aufgeteilt. Dem Aufbau nach entspricht dieses Lied dem Modell-Lied (91): 93 ist Danklied, 94 Bußlied. Der Adressat ist in 94a greifbar: die ganze Kirche, die Franziskaner eingeschlossen.

Demnach handelt es sich hier um eine Exhorte, deren Adressat die Großkirche ist. Es ist gleichzeitig auch die einzige Form verbaler Kirchenkritik, die man bei Franziskus feststellen kann. Er schließt sich und seine eigene Gemeinschaft mit ein, wenn er die Kirche zur Umkehr auffordert.

In Abschnitt 93 ist ein Gedanke zu unterstreichen, der auch im Sonnengesang (102) und in der Schriftmeditation 51 greifbar wird. Der Mensch ist wegen seiner Schuld am wenigsten fähig und würdig, Gott genügend zu danken und zu loben. An die Stelle des Menschen müssen entweder, wie hier, Jesus Christus und die Heiligen, oder, wie im Sonnengesang, die anderen Geschöpfe treten. Man sollte darum die beiden Lieder zusammensehen: Das eine besingt die Schöpfungsordnung, das andere die Heilsgeschichte.

Abschnitt 94a ist für das Kirchenbild des heiligen Franz wichtig. Für ihn ist der gemeinsame Nenner aller kirchlichen Gruppierungen der Wille, Gott zu dienen. Diese Gemeinsamkeit ist größer als alle Unterschiede. Zudem ist die Gemeinsamkeit durch zwei weitere Begriffe umschrieben: der wahre Glaube und die totale Zuwendung zu Gott (Buße).

Abschnitt 94b ist für das Gottesbild des heiligen Franz von Bedeutung. Gott ist Schöpfer, Erlöser und Retter, wobei offensichtlich die beiden letzten Ausdrücke nicht dasselbe meinen. Während Erlösung mit dem historischen Jesus zu tun hat, ist die Rettung ein eschatologisches, letztes, noch ausstehendes Geschehen.

Außerdem ist die Wortreihe «gut, zärtlich, mild, sanft und süß» wichtig. Hier ist von einer besonderen Erfahrung Gottes die Rede, die im Sinnenhaften angesiedelt ist und die Nähe Gottes anzeigt. Hier haben wir wahrscheinlich die Besonderheit des franziskanischen Gottesbildes zu suchen (52; 96; 98; 99).

Nichts anderes

95 Jetzt aber nachdem wir auf die Welt verzichtet haben
Haben wir nichts anderes zu tun
Als dem Willen des Herrn zu folgen
Und ihm zu gefallen

Wir Brüder
Wollen uns alle sehr in acht nehmen
Daß wir nicht zugrunde gehen
Im Blick auf irgendeinen Lohn
Auf Werk oder auf Hilfe
Und nicht unseren Geist und unser Herz
Von Gott wegnehmen

In heiliger Liebe
Die Gott ist
Bitte ich alle Brüder
Jedes Hindernis zu entfernen
Jede Sorge und jede Unruhe
Und auf die beste Art
Gott dem Herrn
Zu dienen

Ihn zu lieben
Zu ehren und anzubeten
Aus reinem Herzen und klarem Geist
Er erstrebt dies über alles
Wir wollen Ihm immer
Wohnung und Unterkunft sein
Er ist der Herr
Der allmächtige Gott
Der Vater der Sohn der Heilige Geist 23,22,9.25–27

Zur Erklärung: Text 7.

Alles Gute zurückgeben

Alles Gute wollen wir zurückgeben **96**
Dem Herrn dem erhabensten und höchsten Gott
Alles Gute wollen wir erkennen als Sein Eigentum
Für alles wollen wir Ihm danken
Alles Gute kommt von Ihm

Er der erhabenste und höchste
Einzige wahre Gott
Möge es besitzen

Ihm soll werden und Er soll empfangen
Alle Ehre und Verehrung
Alle Lieder und allen Segen
Allen Dank und alle Herrlichkeit
Ihm ist alles Gut
Er allein ist gut 23,17,17

Zum Verständnis: Texte 52, 94, 98, 99.

Heilig Heilig Heilig

Heilig heilig heilig Herr allmächtiger Gott
Der ist der war der kommt (Offb 4,8)
Loben und erheben wir Ihn über alles in Ewigkeit

Würdig bist du Herr unser Gott zu empfangen
Lob Ruhm Ehre und Segen (Offb 4,11)
Loben und erheben wir Ihn über alles in Ewigkeit

Würdig ist das Lamm das getötet wurde zu empfangen
Macht Reichtum Weisheit Stärke Ehre Ruhm und Segen
(Offb 5,12)
Loben und erheben wir Ihn über alles in Ewigkeit

Segnen wir
Den Vater und den Sohn mit dem Heiligen Geist
Loben und erheben wir Ihn über alles in Ewigkeit

Segnet den Herrn
Alle Werke des Herrn (Dan 5,57)
Loben und erheben wir Ihn über alles in Ewigkeit

Lobt unsern Herrn all Seine Knechte
Die ihr Ihn fürchtet ihr Großen und ihr Kleinen
(Offb 19,5)
Loben und erheben wir Ihn über alles in Ewigkeit

Loben sollen Ihn den Ruhmvollen
Himmel und Erde (Ps 68,35)
Loben und erheben wir Ihn über alles in Ewigkeit

Jedes Geschöpf das im Himmel und auf der Erde ist
Unter der Erde und im Meer und was unter ihm ist
(Offb 5,13)
Loben und erheben wir Ihn über alles in Ewigkeit

Ehre dem Vater dem Sohn dem Heiligen Geist
Loben und erheben wir Ihn über alles in Ewigkeit

Wie es war im Anfang
Jetzt und immer und in Ewigkeit
Loben und erheben wir Ihn über alles in Ewigkeit 19,1–10

Zum Verständnis: nach Text 98.

Du allein bist gut

Allmächtiger 98
Heiligster
Höchster und erhabenster Gott

Jedes Gut
Höchstes Gut
Ganzes Gut
Du allein bist gut

Dir geben wir zurück
Alle Lieder
Alle Herrlichkeit
Alle Gnade
Alle Ehre
Allen Segen
Alles Gute

Es geschehe
Es geschehe
Amen 19,11

97 und 98 gehören zusammen (der besseren Verwendbarkeit wegen haben wir sie auseinandergenommen). Sie

sollen jede Gebetsstunde eröffnen. Sie sind für die Spiritualität des Heiligen von großer Bedeutung.

97 stellt das Stundengebet und die kirchliche Liturgie in die Atmosphäre des himmlischen Gottesdienstes. Franziskus will für Momente so leben, als wären die Dinge, für die er sich abmüht, schon erreicht. Sein innerstes Wesen gehört einer anderen Welt an. Die Spannkraft seines Herzens reicht in jene Zukunft hinein, die allein als Geschenk Gottes über uns kommt.

98 macht das Beten des Heiligen zum Ausdruck der schöpfungsbedingten Armut (22–24; 96; 99).

Segnen wollen wir

99 Segnen
Wollen wir
Gott den Herrn
Den Lebendigen und Wahren

Zurückgeben wollen wir Ihm immer
Lieder
Herrlichkeit
Ehre
Segen
Und alles Gute

Amen
Amen
Es geschehe
Es geschehe 20

Dieses Lied soll das Stundengebet beschließen. Zum Verständnis vgl. Text 98.

Fürchtet den Herrn

Fürchtet den Herrn und gebt Ihm Ehre (Offb 14,7) **100**
Würdig ist der Herr zu empfangen Lob und Ehre
(Offb 4,11)
Die ihr den Herrn fürchtet lobt ihn alle (Ps 22,24)
Sei gegrüßt Maria voll der Gnade der Herr ist mit dir
(Lk 1,28)
Lobt ihn Himmel und Erde (Ps 69,35)
Alle Flüsse lobt den Herrn (Dan 3,78)
Ihr Söhne Gottes segnet den Herrn (Dan 3,78)
Das ist der Tag den der Herr gemacht
Erfüllen wir ihn mit Jauchzen und Jubel (Ps 118,24)
Alleluja Alleluja Alleluja König Israels (Joh 12,13)
Jeder Geist lobe den Herrn (Ps 150,6)
Lobt den Herrn denn Er ist gut (Ps 136,1)
Alle die ihr dies lest: Segnet den Herrn (Ps 103,21)
Alle Geschöpfe segnet den Herrn (Ps 103,22)
Alle Vögel des Himmels lobt den Herrn
(Dan 3,80; Ps 148,7)
Alle Knaben lobt den Herrn (Ps 113,1)
Ihr jungen Männer und Frauen lobt den Herrn
(Ps 148,12)
Würdig ist das Lamm das geschlachtet ist zu empfangen
Ehre Ruhm und Herrlichkeit (Offb 5,12)
Gesegnet sei die heilige Dreiheit und ungeteilte Einheit
Heiliger Erzengel Michael verteidige uns im Kampf 15

Um 1500 ist in einem Eremitorium (Cesi di Terni) noch eine Holztafel gezeigt worden, auf die Franziskus die Schöpfung malen ließ und auf die er mit eigener Hand einige Verse gekritzelt hat. Die Tafel ist verlorengegangen, der Text erhalten geblieben. Er zeigt noch einige Unbeholfenheit im Verhältnis zu anderen Texten und ist darum wohl früh in der Lebensgeschichte des Heiligen anzusiedeln.

Zum Verständnis mag der Hinweis genügen: Die Kapelle dieser Einsiedelei (34) ist «Maria von den Engeln» geweiht. Darum die etwas unerwartete Erwähnung ihres Namens. Ebenso gehört die Verehrung des heiligen Michael zu den besonderen Andachtsformen des heiligen Franz.

Du bist heilig

101 Du bist heilig
Herr einziger Gott
Du tust Wunderbares

Du bist der Starke
Du bist der Große
Du bist der Höchste
Du der allmächtige König
Du Heiliger Vater
König des Himmels und der Erde

Du
Dreifaltiger
und Einer
Herr
Gott aller Götter

Du bist das Gut
Das ganze Gut
Das höchste Gut
Herr Gott
Lebendig und wahr

Du Zuwendung
Du Liebe

Du Weisheit
Du Demut
Du Geduld
Du Schönheit

Du Milde
Du Sicherheit
Du Ruhe
Du Lust
Du unsere Hoffnung und unsere Freude
Du Gerechtigkeit
Du Maß
Du all unser Reichtum
Mehr als wir brauchen

Du Beschützer
Du Wächter und Verteidiger

Du Stärke
Du Zuflucht
Du unsere Hoffnung
Du unser Glaube
Du unsere Liebe

Du unsre ganze Süßigkeit
Du unser ewiges Leben
Groß und bewundernswürdig
Herr
Allmächtiger Gott
Barmherziger Retter 3

Diese Litanei ist die Rückseite von 50. Bruder Leo sollte wohl im rhythmischen, dem Atem angeglichenen Rezitieren zu innerer Ruhe zurückfinden.

Sonnengesang

102 Höchster allmächtiger guter Herr
Dir sei das Lied die Herrlichkeit die Ehre
und aller Segen
Dir allein Höchster kommen sie zu
Kein Mensch ist würdig dich zu nennen

Lob sei dir mein Herr
mit deiner ganzen Schöpfung
vor allem mit dem Herrn Bruder Sonne
Er bringt uns den Tag
und spendet uns Licht
Schön ist er
und strahlend mit großem Glanz
Von dir Höchster ein Zeichen

Lob sei dir mein Herr durch Schwester Mond
und die Sterne
Am Himmel formtest du sie
glänzend kostbar und schön

Lob sei dir mein Herr durch Bruder Wind
durch Luft und Wolken
durch heiteres und jedes Wetter
Durch sie gibst du deiner Schöpfung Leben

Lob sei dir mein Herr durch Schwester Wasser
Sehr nützlich ist sie demütig kostbar und rein

Lob sei dir mein Herr durch Bruder Feuer
Durch ihn ist die Nacht erhellt
Schön ist er freundlich kraftvoll und stark

Lob sei dir mein Herr durch unsere Schwester Mutter Erde
Sie belebt und lenkt uns
Sie erzeugt viel Früchte
farbige Blumen und Gräser

Lob sei dir mein Herr durch jene
die um deiner Liebe willen vergeben
und Schwachheit und Not ertragen
Selig die ausharren in Frieden
Du Höchster wirst sie krönen

Lob sei dir mein Herr
durch unsere Schwester den leiblichen Tod
Kein lebendiger Mensch kann ihr entrinnen
Weh denen die in tödlicher Schuld sterben
Selig die sie findet in deinem heiligsten Willen
Der zweite Tod tut ihnen nichts Böses

Lobt und segnet meinen Herrn
Dankt und dient ihm in großer Demut 2

Der Sonnengesang ist das bekannteste und auch poetischste Lied des heiligen Franz.

Für sein Verständnis darf die Situation, in der es entstanden ist, nicht vergessen werden. Die Tradition, wonach Franziskus das Lied in drei Schritten gedichtet haben soll (zuerst als kranker Mann in San Damiano, dann die Friedensstrophe, um den Bürgermeister mit dem Bischof von Assisi zu versöhnen, schließlich die Todesstrophe angesichts des eigenen Todes), ist erst im 14. Jahrhundert entstanden und wird heute mit Vorsicht vertreten. Viel wichtiger ist die subjektive Verfassung des heiligen Franz. Er leidet an vielen Krankheiten: an einem Trachom, einer schmerzhaften tropischen Augenkrankheit, die ihn fast erblinden läßt, an einer chronischen Malaria, die sich in Schüttelfrost, Übelkeit, Kopfweh, Lustlosigkeit und Resignation umsetzt, an einer schweren Anämie, die ihm alle Kräfte raubt, an einem Milztumor, einer Lebervergrößerung, Darm- und Magengeschwüren, an den Wundmalen, an seiner eigenen Seele, die sich verurteilt und gescheitert fühlt, am Geschick seines Ordens, der nicht mehr seine Wege gehen will. Der Sonnengesang bedeutet für Franziskus die Bewältigung seiner schwersten Krise, nicht als eigene Leistung, sondern, wie ausdrücklich betont wird, als reinstes Geschenk Gottes.

Während seiner Krankheit dichtet und komponiert Franz von Assisi eine ganze Reihe Lieder. Er läßt sie vorsingen, zum eigenen Trost und zur Erbauung der anderen. Gerade die Zeit der Krankheit hat Lieder nötig. Er will, wie er einmal sagt, daß die physischen Leiden sich in Trost und Freude des Geistes verwandeln. Von diesen vielen Liedern ist uns leider bloß der Sonnengesang erhalten geblieben.

Der Sonnengesang folgt dem Aufbau nach dem antiken Weltbild. Zuerst kommt das Universum (Himmel und Erde) zur Sprache. Den Himmel vertreten Sonne, Mond und Sterne, die Erde die vier Elemente Luft, Wasser, Feuer, Erde. Dann wird der Mensch besungen, und zwar in seiner Dulder- und Leidensfähigkeit und in seinem Willen, Frieden zu stiften. Die Todesstrophe stellt ihn dann vor seine größte Möglichkeit, das ewige Leben, bzw. vor die Möglichkeit des endgültigen Scheiterns. Vor allem in diesen beiden Strophen ist der Bußruf versteckt, der nach dem Modell-Lied (91) wesentlich dazugehört und nach der

Überlieferung den Bischof mit dem Bürgermeister von Assisi versöhnt.

Das moderne Bewußtsein kann diesen Aufruf aber auch schon in den vorausliegenden Strophen wahrnehmen: «Was wir in bezug auf unsere Umwelt unternehmen, hängt von unseren Vorstellungen über das Verhältnis zwischen Mensch und Natur ab. Eine intensivierte Entwicklung der Naturwissenschaft und Technik wird uns nicht aus der gegenwärtigen ökologischen Krise heraushelfen, sofern wir nicht zu einer neuen Religion finden oder unsere alte überdenken… Wir sollten uns vielleicht auf den bedeutendsten Radikalen der christlichen Geschichte nach Christus besinnen, auf Franz von Assisi… Der Schlüssel zum Verstehen Franz von Assisis ist sein Glaube an die wirksame Kraft der Demut – nicht nur für den Einzelnen, sondern für die Menschheit als Ganzes. Franz von Assisi versuchte die Herrschaft des Menschen über die Schöpfung zu beenden und eine Demokratie aller Geschöpfe zu errichten. Seine Brüderlichkeit mit den Werken Gottes kommt in seiner Lobeshymne an den Weltenschöpfer deutlich zum Ausdruck… Wir werden weiterhin in einer sich verschlimmernden ökologischen Krise leben, bis wir den Grundsatz verwerfen, daß die Natur keine andere Existenzberechtigung hat, als dem Menschen zu dienen. Der größte geistige Revolutionär in der abendländischen Geschichte, Franz von Assisi, bot eine alternative christliche Vorstellung von der Natur und der Beziehung des Menschen zu ihr: Er versuchte, die Idee der unbegrenzten Herrschaft des Menschen über die Schöpfung durch die Idee von der Gleichheit aller Geschöpfe zu ersetzen» (L. L. Whyte).

Hier ist allerdings etwas zu beachten, was alle «Zurück-zur-Natur»-Rufe oft vergessen. Es geht gerade nicht um eine Preisgabe des Menschen an die Natur, sondern um die Brüderlichkeit aller Dinge. Nicht um die Verdinglichung des Menschen, sondern um die Vermenschlichung der Dinge. Jedes Ding bekommt ein brüderliches oder schwesterliches Antlitz und «personalen Charakter». Um der Natur willen darf man den Menschen nicht preisgeben. Um des Menschen willen die Natur nicht verraten. Beides bildet unauflösbar eine Wirklichkeit. Man wird darum beides zerstören, wenn man das eine oder andere vernichtet. «Der Naturschutz ist in der wachsenden Auslaugung der Welt durch unsere Habsucht sicher etwas Gutes und Notwendiges. Aber im Pathos seiner lautesten Vertreter ist häufig ein fataler Zungenschlag zu bemerken: Ihnen erscheint der Mensch offensichtlich als der eigentliche Störenfried der Natur, der Geist als die Gefährdung ihres friedvollen Gleichgewichts, und was sie sagen, läuft bei nicht wenigen auf die Verachtung des Menschen, ja, auf das Verlangen hinaus, ihn zurückzunehmen. – Das Aufatmen der Natur, das im Umkreis von Franz von Assisi zu verspüren ist, hat ganz andere Wurzeln. Er ist der Mensch, in dem sich die Idee des Seraphischen erfüllt, d.h. der Mensch, in dem die Kreatur ‹fliegen› und ‹singen› lernt, sich selbst überschreitet, zum Akt des Sichverströmens, des Sichverschenkens wird. Wo das geschieht, da ist zugleich die tiefste Sehnsucht der Kreaturen aufgenommen: Da löst sich ihre verborgene Trauer und geht in Vertrauen, in Freude über. Nicht die Verleugnung des Geistes rettet die Natur, sondern die Befreiung in die reine Gebärde der anbetenden Liebe hinein» (J. Ratzinger).

Das Geheimnis der Schöpfung ist Gott. Nur durch ihn und vor ihm haben die Dinge Wirklichkeit. Weil Franziskus ganz Gott zugewandt ist, kann er auch das Geheimnis der Dinge erlauschen und ihre brüderliche und schwesterliche Natur erspüren. Franziskus ist darum ein Signal in der Ideengeschichte des Abendlandes. Vor ihm kennt man sozusagen nur Gott und hat keinen Zugang zu den Dingen.

Mit Franziskus kommt die Welt zu sich selbst und damit auch zu Gott. Wegen seiner Welthaftigkeit gilt Franz von Assisi als Anfang der modernen weltzugewandten Spiritualität. – Zu den einzelnen Aspekten des Sonnengesangs: 91; 93.

Hört arme und allerliebste Schwestern

Hört arme und allerliebste Schwestern **102a**
Ihr vom Herrn gerufenen
Vereint aus allen Teilen des Landes:

Lebt immer in der Wahrheit
So werdet ihr sterben im Gehorsam

Schaut nicht auf das weltliche Leben
Besser ist das Leben des Geistes

In großer Liebe bitte ich euch
Habt ein feines Gespür für die Almosen
Die der Herr euch gibt

Die geschwächt sind durch Krankheit
Und die müde werden in der Pflege der Kranken
Mögen zusammen aushalten in Frieden
Sehr liebenswert wird ihnen die Mühe erscheinen

Jede wird Königin sein im Himmel
Gekrönt mit der Jungfrau Maria 36

Im Klarissenkloster Novaglie bei Verona entdeckte der Novizenmeister von San Damiano in einer Handschrift, die ins 14. Jahrhundert zurückreicht, dieses altitalienische

Gedicht, in dem die Fachleute ein echtes Lied des heiligen Franz erkennen. Die Einleitung lautet: «Diese Worte verfaßte der selige Franziskus in der Volkssprache.»

O wie herrlich

103 O wie herrlich
Heilig und groß
Im Himmel einen Vater zu haben

O wie heilig
Tröstlich
Schön und wunderbar
Im Himmel einen Anverlobten zu haben

O wie heilig und wie lieb
Gefällig
Demütig
Friedenschaffend
Süß
Liebenswürdig und über alles begehrenswert
Einen solchen Bruder zu haben
Und einen solchen Sohn
Unsern Herrn Jesus Christus 10,54–56

Der Mensch steht in einem verwandtschaftlichen Verhältnis mit Gott und ist darum von göttlicher Würde. Dieses Lied schließt unmittelbar an die Meditation 58 an.

Hört Seinen Namen

Hört Seinen Namen 104
Betet Ihn an
Mit Furcht und Ehre
Tief zur Erde gebeugt
Sein Name:
Herr Jesus Christus
Des Höchsten Sohn
Gepriesen sei Er
In Ewigkeit 13,4

Dieser Aufruf zur Anbetung ist in verschiedener Hinsicht bedeutsam. Zuerst bezieht er sich auf den Namen Jesu. Wir wissen, daß Franziskus beim Hören dieses Namens zerschmilzt und die Beschwingtheit seiner Seele erlebt. An dieser Beschwingtheit will er alle Welt, besonders seine Brüder, an die sich der Aufruf richtet, teilhaben lassen. Außerdem zeigt sich, wie sich die Anbetung in eine entsprechende Körperhaltung umsetzen muß. Bei Franziskus ist das eine Selbstverständlichkeit (103; 112).

Das Wort des Vaters

Jesus Christus 105
Das Wort des Vaters
So würdig
So heilig
So herrlich
Verkündigte
Der höchste Vater
Vom Himmel

Durch seinen heiligen Engel Gabriel
In den Schoß
Der heiligen und herrlichen Jungfrau Maria

Aus ihrem Schoß
Nahm Er an
Das wahre Fleisch unserer Menschlichkeit
Und unserer Gebrechlichkeit
Obwohl Er reich war (2 Kor 8,9) über alle Maßen
Wollte Er in der Welt die Armut auswählen

Es war der Wille des Vaters
Daß Sein gesegneter und herrlicher Sohn
Den Er uns gab
Der für uns geboren
Sich selbst durch Sein eigenes Blut
Als Opfer und Gabe
Auf dem Altar des Kreuzes darbringe
Nicht für sich
Durch den wir alle geschaffen
Sondern für unsere Sünden

Er hinterließ uns ein Beispiel
Damit wir Seinen Spuren folgen 10,4

Jesus Christus selbst ist das Wort, die Sprache, die Gott mit uns redet. Sein Leben ist Anrede, die nach einer Antwort verlangt. Auch hier lassen sich die beiden Elemente des franziskanischen Liedes heraushören: Staunen und Appell (104,112).

Dem Erlöser ein Lied

106

Ihm
Der für uns so viel ertragen
Der uns so viel Gutes getan
Und in Zukunft tun wird
Gebe zurück
Jedes Geschöpf
Im Himmel und auf der Erde
Im Meer und in den Abgründen
Das Lied
Die Herrlichkeit
Die Ehre
Und den Segen
Er ist
Unsere Kraft
Und unsere Stärke

Er allein ist gut
Er allein erhaben
Er allein allmächtig
Bewundernswürdig
Herrlich
Er allein heilig
Lobwürdig
Gesegnet
In unendliche Ewigkeit
Amen 10,2,61–62

Die in den Texten 96, 98 und 99 geforderte Grundhaltung des Zurückgebens wird hier auf Christus bezogen. Er hat so viel für uns getan: Alle Welt muß ihm alles zurückgeben.

Der Gute Hirt

107 Brüder
Wir alle wollen unsere Aufmerksamkeit richten
Auf den Guten Hirten
Er hat Seine Schafe gerettet
Und das Leiden des Kreuzes auf sich genommen

Die Schafe des Herrn sind Ihm gefolgt
In Drangsal Not und Verfolgung
In Elend und Hunger
In Schwachheit und Versuchung
Und in vielem anderen
Sie haben vom Herrn empfangen
Ewiges Leben

Große Schande
Ist es
Für uns Knechte Gottes
Daß wir von den Werken der Heiligen berichten
Und dadurch für uns empfangen wollen
Ruhm und Ehre 1,6

Täglich erniedrigt Er sich

108 Täglich
Erniedrigt Er sich (Phil 2,8)
Wie Er einst vom königlichen Thron (Weish 18,15)
Kam
In den Schoß der Jungfrau
Täglich
Kommt Er zu uns
Er zeigt sich in Demut

Täglich
    Steigt Er herab
    Aus der Geborgenheit des Vaters
    Auf den Altar
    In die Hände des Priesters

Den heiligen Aposteln
Zeigte Er sich in Seiner wirklichen Gestalt
So zeigt Er sich uns
Im heiligen Brot
Im Anblick Seines Fleisches
Sahen sie nur Sein Fleisch
Aber sie glaubten
Daß Er Gott selber war
Weil sie Ihn mit geistigen Augen schauten

Wir sehen nur Brot und Wein
Mit unseren leiblichen Augen
So wollen wir sehen und fest glauben
Daß es Sein heiligster Leib ist
Und Sein Blut
Lebendig und wahr

So ist
Der Herr immer
Mit Seinen Gläubigen
Wie Er selber sagte
Seht ich bin bei euch
Bis ans Ende der Zeiten (Mt 28,20) 1,1,16–22

Siehe auch Text 109.

109 Seht eure Würde
(Brüder Priester)
Seid heilig
Denn Er ist heilig

Wie der Herr Gott euch
Wegen eures Dienstes
Über alles geehrt hat
So sollt ihr Ihn
Über alles lieben
Anbeten und ehren

Welch großes Unglück
Und elende Schwäche
Wenn ihr euch in Seiner Gegenwart
Um etwas anderes in der Welt sorgt

Der ganze Mensch zittere
Die ganze Welt wanke
Der Himmel jauchze
Wenn auf dem Altar
In den Händen des Priesters
Christus erscheint
Der Sohn des lebendigen Gottes

O bewunderswürdige Größe
O bestaunenswerte Gunst
O beschwingte Demut
O demütige Beschwingtheit

Der Herr des Alls
Gott und Gottes Sohn (Joh 11,27)

Demütigt sich
Für unser Heil
Verbirgt Er sich
In der winzigen Gestalt des Brotes

Seht die Demut Gottes
Schüttet vor Ihm euer Herz aus (Ps 62,9)
Demütigt auch ihr euch
Damit ihr von Ihm erhöht werdet
Nichts von euch
Behaltet zurück
Damit euch ganz aufnehme
Der sich euch ganz ausgeliefert 13,23–29

Franziskus verbindet mit Gott einen Begriff, der in einem philosophischen Gottesbild völlig unsinnig ist. Man kann philosophisch nicht von einem demütigen Gott reden. Nur innerhalb des Christentums wird eine solche Rede möglich: Menschwerdung, Kreuz und Verborgenheit im Sakrament und im Wort sind die Wege, auf denen Gott zum Menschen kommt. Vor solchen Wegen kann Franziskus nur noch singen. Hier erreicht seine Sprache höchste Vollendung.

Priesterliche Würde und göttliche Demut stehen in eigenartiger Spannung. Gottes Demut begründet die Würde des Menschen. Durch eine Verkennung der Demut Gottes, durch Ehrfurchtslosigkeit, setzt sich der Priester selbst von seiner Würde ab. Hier lassen sich wieder beide Elemente des franziskanischen Liedes unterscheiden. Auf der einen Seite Anbetung, auf der anderen der Aufruf, selbst demütig zu sein. Diesem Lied ist der Titel unseres Buches entnommen.

Priesterliche Würde

110 Wenn die selige Jungfrau
So geehrt wird
Wie es ihr gebührt
Denn Ihn trug sie in ihrem heiligsten Schoß

Wenn der selige Täufer
Erbebte
Und nicht wagte
Das heilige Haupt Gottes zu berühren

Wenn das Grab
Verehrt wird
In dem Er eine Zeitlang lag

Um wieviel mehr muß der
Heilig
Gerecht
Würdig sein
Der den Herrn
Mit den Händen berührt
Mit Herz und Mund empfängt
Und andern zum Genuß reicht
Ihn
Der nicht mehr stirbt
Sondern in Ewigkeit lebt
Und verherrlicht wird
Den zu sehen das Verlangen der Engel ist
(1 Petr 1,12) 13,21–22

Unteilbar und überall

Mag unser Herr Jesus Christus 111
Auch an vielen Orten erscheinen
Er bleibt doch unteilbar
Und wird nicht kleiner

Einer
Ist Er überall
Wie es Ihm gefällt
Zusammen wirkt Er
Mit Gott dem Vater dem Herrn
Und dem Heiligen Geist dem Tröster
In alle Ewigkeit
Amen 13,33

Dieser Text schließt unmittelbar an das Gebot an, bloß eine Messe am Tag zu halten und sich bei der Feier nicht zu zersplittern (9). Durch die vielen Messen ist Jesus nicht mehr, durch bloß eine Messe nicht weniger gegenwärtig.

Nichts haben und sehen wir

Nichts 112
Haben und sehen wir
Leiblich in dieser Welt
Von Ihm dem Höchsten
Außer
Den Leib und das Blut
Die Namen und die Worte
Durch die wir geschaffen sind
Und errettet
Aus dem Tod ins Leben (1 Joh 3,14) 5,3

Dieser kleine Text faßt vieles zusammen, was Franziskus zu dieser Frage zu sagen hätte. Erstens ist die christliche Gotteserfahrung sakramental verdichtet: Gott wohnt im unzugänglichen Licht. Es gibt keinen anderen Weg zu ihm außer dem, den Gott selbst eröffnet: Jesus von Nazaret. Den Weg zu ihm findet man über das kirchlich vollzogene Sakrament. Hier liegt der tiefste Grund, warum Franziskus nicht außerhalb der Kirche leben will. Nur innerhalb der Kirche ist nach seiner Meinung die volle Möglichkeit gegeben, zu Christus und so zu Gott zu gelangen (46–49; 108–112; 139). Zweitens ist der Text deshalb wichtig, weil er das Sakrament und das Wort auf die gleiche Ebene stellt. Er geht damit über das päpstliche Schreiben hinaus, das eine größere Ehrfurcht vor dem Sakrament anordnet (44; 45). Für Franziskus gibt es kein Sakrament ohne das vorausliegende Wort. Darum fordert er ebenso wie für das Sakrament eine größere Ehrfurcht (104; 105). Er bewahrt die Bücher auf wie das Sakrament. Ein Wort, das er schreibt und das korrigiert werden müßte, mag er nicht durchstreichen.

Lied auf die Tugenden I

113 Königin Weisheit
Der Herr schütze dich
Zusammen mit deiner heiligen Schwester
Der reinen Einfachheit

Heilige Herrin Armut
Der Herr schütze dich
Zusammen mit deiner heiligen Schwester
Der Demut

Heilige Herrin Liebe
Der Herr schütze dich
Zusammen mit deiner heiligen Schwester
Dem Gehorsam

Heiligste Tugenden
Der Herr schütze euch alle
Aus Ihm kommt ihr hervor
Zu Ihm kehrt ihr zurück

Kein Mensch
In der ganzen Welt
Kann eine von euch besitzen
Außer er stirbt

Wer eine hat
Und die andern nicht kränkt
Hat alle
Wer eine kränkt
Hat keine
Er kränkt alle (Jak 2,10)

Jede einzelne
Bringt zu Fall
Laster und Schuld

Die heilige Weisheit
Bringt zu Fall
Den Satan und all seine Bosheit

Die heilige und reine Einfalt
Bringt zu Fall
Alle Weisheit der Welt und alle Weisheit des Fleisches
(1 Kor 2,6)

Die heilige Armut
Bringt zu Fall
Alle Gier und allen Geiz
Und alle Sorge dieser Zeit

Die heilige Demut
Bringt zu Fall
Den Stolz und alle Menschen von dieser Welt
Und alles von dieser Welt

Die heilige Liebe
Bringt zu Fall
Alle Versuchungen des Teufels und des Fleisches
Und alle Ängste des Fleisches

Der heilige Gehorsam
Bringt zu Fall
Alle leiblichen und eigensüchtigen Wünsche
Er hat seinen Leib abgetötet
Im Gehorsam gegenüber dem Geist
Im Gehorsam gegenüber seinen Brüdern
Er hat sich allen Menschen in der Welt
Preisgegeben und unterworfen
Nicht nur den Menschen
Sondern auch allen Bestien und wilden Tieren
Sie können mit ihm tun
Was sie wollen
Wenn es ihnen vom Herrn gegeben ist 26

Auf dem Gehorsam liegt ganz offensichtlich ein besonderer Akzent. Ihm ist nicht nur am meisten Raum gegeben, sondern er wird bis in radikale und utopische Konsequenzen hineingeführt. Zum Verständnis: 9–21; 102.

Lied auf die Tugenden II

Wo Liebe ist und Weisheit **114**
Ist nicht Angst noch Unerfahrenheit

Wo Geduld ist und Demut
Ist nicht Zorn noch Erregung

Wo Armut ist und Freude
Ist nicht Gier noch Geiz

Wo Stille ist und Besinnlichkeit
Ist nicht Unruhe noch Ziellosigkeit

Wo Furcht des Herrn ist seinen Hof zu bewachen (Lk 11,21)
Kann kein Feind eindringen

Wo Barmherzigkeit ist und Bescheidenheit
Ist nicht Überfluß noch Härte 1,27

Kommentar: Vgl. Texte 113 und 137.

Armut

Die Erhabenheit **115**
Der höchsten Armut
Hat euch
Meine geliebten Brüder
Zu Erben und Königen des himmlischen Reiches
Bestellt
Sie macht arm an Dingen
Sie erhöht durch Tugenden

Sie sei eure Zuflucht
Sie führe euch ins Land der Lebenden (Ps 142,6)
Ihr sollt ihr
Meine geliebten Brüder
Ganz anhangen
Nichts anderes sollt ihr auf immer wollen unter dem Himmel
Um des Namens unseres Herrn Jesus Christus willen 22,6

Freude

115 Eines Tages rief der selige Franziskus bei Santa Maria Bruder Leo zu sich und sprach: «Bruder Leo, schreibe.»

Dieser antwortete: «Ja, ich bin bereit.» «Schreib», sagte Franziskus: Was ist wahre Freude

Wenn ein Bote kommt und sagt
Alle Lehrer von Paris treten in den Orden ein
Dies ist nicht wahre Freude

Wenn alle Prälaten Erzbischöfe und Bischöfe
Von jenseits der Alpen
Wenn der König von Frankreich
Und der König von England
In den Orden eintreten
Dies ist nicht wahre Freude

Wenn meine Brüder zu den Ungläubigen gehen
Wenn alle zum Glauben umkehren
Wenn ich so große Gnade von Gott habe
Daß ich Kranke heile und viele Wunder wirke
In alldem ist nicht wahre Freude

Was ist wahre Freude

Ich kehre zurück von Perugia
Und komme spät in der Nacht hierher
Das winterliche Wetter hat den Boden aufgeweicht
Daß man in ihm steckenbleibt
Es ist eisig kalt
Daß die Wassertropfen am Saum der Kutte gefrieren
Und das Schienbein verwunden
Das Blut fließt aus vielen Wunden
Ich komme voll Dreck und durchfroren zur Pforte
Nachdem ich lange geklopft und gerufen habe
Kommt der Bruder und fragt:
Wer ist da
Ich antworte: Bruder Franziskus
Er sagt: Geh weg
Es ist nicht die Stunde der Heimkehr
Du kannst nicht eintreten
Auf mein wiederholtes Klopfen antwortet er: Geh weg
Du bist ein einfältiger und unwissender Mensch
Was willst du bei uns
Wir sind so viele
Daß wir deiner nicht bedürfen
Und ein drittes Mal stehe ich an der Pforte und sage:
Bei der Liebe Gottes
Nehmt mich auf für diese Nacht
Er antwortet: Nein
Geh zum Ort der Kreuzherren und bitte dort

Wenn ich solche Geduld haben werde
Wenn mich dies nicht erschüttern wird
Dies ist wahre Freude
Und wahre Tugend
Und das Heil der Seele 29,8

Zum Inhaltlichen: Vgl. 51. Im jetzigen Zustand menschlicher Geschichte gibt es nur noch einen Weg zur wahren Freude: das Kreuz. «Wenn es dir wirklich schlecht geht, wenn du gar keinen Grund mehr zum Lachen hast, dann ist die Zeit da, christliche Freude zu haben. Das christliche Lachen ist kein biologischer Vorgang. Freilich können wir auch biologisch lachen, weil wir Menschen sind. Der Unterschied aber zwischen Christen und Heiden sollte darin liegen, daß der eine noch Freude haben kann, wo der andere am Ende seiner Weisheit ist» (L. Boros).

Zur Form: Es handelt sich hier um schnell hingeworfene Notizen, die ihre literarische Form erst noch suchen mußten (vgl. die spätere Form in den Fioretti).

Marienlied I

117 Sei gegrüßt Herrin
Heilige Königin
Heilige Gottesgebärerin Maria

Jungfrau
Zur Kirche geworden
Erwählt vom heiligsten Vater im Himmel

Er hat dich geheiligt
Mit Seinem geliebten Sohn
Und dem Heiligen Geist dem Tröster

In dir war
Und ist
Die ganze Fülle der Gnade
Und alles Gut

Sei gegrüßt Wohnung Gottes
Sei gegrüßt Zelt Gottes
Sei gegrüßt Haus Gottes
Sei gegrüßt Kleid Gottes
Sei gegrüßt Magd Gottes
Sei gegrüßt Mutter Gottes

Alle heiligen Tugenden
Dringen in die Herzen der Gläubigen
Durch die Gnade und Erleuchtung
Des Heiligen Geistes
Aus Ungläubigen werden Gläubige Gottes

Gegenüber den früheren Ausgaben dieses Marienliedes enthält die vorliegende aufgrund der neuen textkritischen Edition eine bedeutende Textveränderung. Für das Verständnis des Textes darf sie nicht außer acht gelassen werden. Franziskus bewegt sich noch innerhalb der patristischen Mariologie. Da ist Maria die personifizierte Kirche. An ihr ist abzulesen, was Kirche ist und sein soll. Sie ist gleichsam die erste durch Gott konsekrierte Kirche (58; 103).

Marienlied II

Heilige Jungfrau Maria **118**
Keine Frau in der Welt
Ist dir ähnlich
Du Tochter und Magd des höchsten
und erhabensten Königs
Des himmlischen Vaters
Du Mutter unseres heiligsten Herrn Jesus Christus
Du Verlobte des Heiligen Geistes

Bitt für uns
Zusammen
Mit dem heiligen Erzengel Michael
Mit allen himmlischen Kräften
Mit allen Heiligen
Bei deinem heiligsten geliebten Sohn
Dem Herrn und Meister 20,1 Antiphon

Dieses Lied spielt im Passionsoffizium (76–90) eine wichtige Rolle. Es wird bei jeder Gebetsstunde zweimal als Antiphon verwendet (117; 103; 58).

Großes haben wir versprochen

119 Großes haben wir versprochen
Größeres ist uns versprochen
An diesem wollen wir festhalten
Nach jenem wollen wir uns sehnen

Kurze Lust
Ewige Pein
Geringes Leiden
Grenzenlose Herrlichkeit

Berufung vieler
Erwählung weniger
Belohnung aller 30

Die Phantasie des Franz von Assisi stellt sich vor, wie ein Minderbruder an einem Konzil aller Ordensleute predigen müßte. Hier wird die Wortkargheit bis ins Äußerste getrieben (43; 91).

5. Gebete

Es liegt in der Natur des Gebetes, daß es zunächst persönliches Gebet ist und erst in zweiter Linie auch Gebetshilfe für andere. Darum sind sehr wenige Gebete des Franz von Assisi für die Nachwelt festgehalten worden. Den sicher echten Gebetstexten werden wir zwei anfügen, die zwar seinen Geist vermitteln, aber nicht von ihm verfaßt sind. Bei anderen ist die Urheberschaft von Franz ungesichert.

Höchster herrlicher Gott

Höchster 120
Herrlicher Gott
Erleuchte
Die Finsternis meines Herzens

Gib mir
Echten Glauben
Sichere Hoffnung
Vollkommene Liebe
Sinn
Und Erkenntnis
Herr
Damit ich erfülle
Deinen heiligen und wahren Auftrag
Amen 21

Dieses Gebet reicht bis in die Zeit des Suchens und Ringens des Heiligen zurück. Er betet es vor dem Kreuz in San Damiano, vielleicht hat er es vorher schon des öfteren gestammelt. In der Begegnung mit dem Gekreuzigten erschließt sich ihm der Sinn seines Lebens. Für den Nachvollzug ist die gegenseitige Zuordnung von Gebet und Bild wichtig.

Allmächtiger

121 Allmächtiger
Ewiger gerechter und barmherziger Gott

Gib
Daß wir Elende
Um deiner selbst willen
Das tun
Von dem wir wissen daß du es willst

Und immer wollen
Was dir gefällt

So können wir
Innerlich gereinigt und erleuchtet
Durch das Feuer des Heiligen Geistes entflammt
Nachfolgen
Deinem geliebten Sohn
Unserem Herrn Jesus Christus

So können wir
Durch deine Gnade allein
Zu dir Höchster
Gelangen
Der du
In vollkommener Dreiheit
Und einfacher Einheit
Lebst und herrschest

Und verherrlicht wirst
Allmächtiger Gott
In alle Ewigkeit
Amen 13

Dieses Gebet ist mit dem vorausgehenden verwandt. Ebenso wie jenes spricht es vom Willen Gottes, den es zu erkennen gilt, und von der inneren Erleuchtung. Es wird hier erweitert durch andere Aspekte, vor allem durch das «sola gratia»: Die Gnade allein genügt (137–149).

Das Gebet beendet den eucharistischen Brief an alle Brüder. Man wird darum das Gebet auch eucharistisch verstehen müssen.

Wir beten dich an

Wir beten dich an **122**
Herr Jesus Christus
Hier und in all deinen Kirchen auf der ganzen Welt
Wir segnen dich
Denn durch dein heiliges Kreuz
Hast du die Welt erlöst 27,5

Franziskus entnimmt dieses Gebet der Liturgie der Kreuzauffindung. Er ergänzt allerdings die Formel durch einen eigenen Beitrag: hier und in allen Kirchen der ganzen Welt. Demnach ist der Inhalt ein Zeugnis für die Kreuzesmystik des Heiligen. Sie braucht ihre Verleiblichung. Neben den kirchlichen Gebäuden lösen auch sehr weltliche Dinge (Wegkreuzungen, gekreuzte Äste...) die Anbetung des Kreuzes aus.

Dieses Gebet zählt auch heute noch zu den Wiederholungsgebeten der franziskanischen Gemeinschaften. Seine Quelle ist das Testament des Heiligen (138).

Ich bekenne

123 Ich bekenne
Dem Herrn Gott dem Vater dem Sohn
Dem Heiligen Geist
Der seligen Jungfrau Maria
Allen Heiligen im Himmel und auf der Erde
Dem Bruder
Dem Minister und Diener unserer Gemeinschaft
Und meinem verehrten Herrn
Den Priestern unseres Ordens
Und all meinen andern gesegneten Brüdern
Alle meine Sünden
Durch meine große Schuld
Habe ich in vielem gefehlt
Im besonderen habe ich die Regel nicht befolgt
Die ich dem Herrn versprochen habe
Und das Stundengebet nicht gebetet
Wie es die Regel vorschreibt
Aus Nachlässigkeit
Wegen Krankheit
Und weil ich unwissend und dumm bin 13,38

Hier handelt es sich um ein persönliches Sündenbekenntnis vor der eigenen Bruderschaft. Er formuliert schriftlich, wozu er sich bei Versammlungen immer wieder bekennt.

O unser heiligster Vater

124 O unser heiligster Vater
Schöpfer
Erlöser
Tröster und Retter

Du bist im Himmel
In den Engeln und Heiligen
Du erleuchtest sie zur Erkenntnis
Denn du Herr bist das Licht
Du entflammst sie zur Liebe
Denn du Herr bist die Liebe
Du wohnst in ihnen und
Erfüllst sie bis zur Seligkeit
Denn du Herr bist das höchste Gut
Ewiges Gut
Durch dich alles Gut
Ohne dich kein Gut

Dein Name werde geheiligt
Erhellt werde in uns die Kenntnis von dir
Damit wir erkennen
Die Breite deiner Wohltaten
Die Länge deiner Versprechen
Die Höhe der Herrlichkeit
Die Tiefe der Erkenntnis (Eph 3,18)

Dein Reich komme
Damit du in uns herrschest durch die Gnade
Damit du uns in dein Reich kommen läßt
Wo handgreiflich wird
Deine Erscheinung
Die selige Gemeinschaft mit dir
Das immerwährende Genießen deiner

Dein Wille geschehe wie im Himmel so auf der Erde
Damit wir dich lieben
Aus ganzem Herzen immer an dich denken
Aus ganzer Seele immer nach dir uns sehnen
Aus ganzem Geist

All unsere Aufmerksamkeit auf dich richten
In allem deine Ehre suchen
Mit all unsern Kräften all unserer Anstrengung
Und den Sinn der Seele und des Leibes
In der Hingabe an deine Liebe
Und in nichts anderem suchen
Damit wir unsere Nächsten lieben wie uns selbst
Mit ganzer Kraft alle zu deiner Liebe führen
Uns über das Gute anderer
Wie über unser eigenes freuen
Im Übel mitleiden
Niemandem zum Anstoß werden

Unser tägliches Brot
Deinen geliebten Sohn
Unsern Herrn
Jesus Christus

Gib uns heute
Zum Gedenken und Erkennen und Verehren
Der Liebe die er uns erwiesen
Und all dessen was er für uns gesagt getan und ertragen

Und vergib uns unsere Schuld
Durch deine unaussprechliche Barmherzigkeit
Durch die Kraft des Leidens
Deines geliebten Sohnes
Durch die Verdienste und die Fürsprache
Der seligsten Jungfrau und all deiner Erwählten

Wie auch wir vergeben unsern Schuldigern
Was wir nicht ganz vergeben
Mach du Herr daß wir es ganz vergeben
Damit wir deinetwegen die Feinde wirklich lieben

Und für sie demütig bei dir Fürsprache einlegen
Nichts Böses mit Bösem vergelten
In allem uns bemühen dir dienlich zu sein

Und führe uns nicht in Versuchung
Sei sie verborgen oder handgreiflich
Kurzlebig oder hartnäckig

Sondern erlöse uns von dem Bösen
Von vergangenem und zukünftigem

Ehre dem Vater dem Sohn dem Heiligen Geist 16

Franz von Assisi ist nicht der einzige, der eine Vaterunsererklärung schreibt. Aus anderen Vorlagen schafft er eine neue Vaterunsermeditation. Sie enthält die typischen Kennzeichen des franziskanischen Gottesbildes. Dazu einige Hinweise: Daß Franziskus «heiligster Vater» statt bloß «Vater» sagt, ist gut bezeugt (vor 76).
Gott ist Schöpfer, Erlöser, Tröster und Retter: 93; 94.
Gott ist der innerlich Erleuchtende: 120; 121.
Gott ist der Gute: 94; 96; 98; 99; 101.
Gott ist der Liebenswerte: 94.

Wiederholungsgebete

Mein Gott und alles 35 **125**

Jesus 30 **126**

Betlehem 30 **127**

128 Heiligster Herr
Ich möchte dich lieben
Süßester Herr
Ich möchte dich lieben 35

129 Wer bist du
Süßester Herr:
Mein Gott
Wer bin ich
Kleiner Wurm:
Dein Diener 35

130 Mein Herr
Ich gab mich ganz
Mein Herz und meinen Leib
Mit aller Kraft wünsche ich
Wenn ich wüßte wie
Für deine Liebe
Mehr zu tun 35

131 Gott
Sei mir armem Sünder gnädig 35

Zu den bereits genannten, sicher von Franz stammenden Wiederholungsgebeten (120; 122) treten eine ganze Anzahl, von denen bloß 126 und 127 von den ersten Biographen bezeugt werden. «Jesus» und «Betlehem» wiederholt Franziskus oft, bis die Musikalität der Worte das Innere zum Zerschmelzen bringt. Die anderen Wiederholungsgebete sind späteren biographischen Quellen entnommen und vermitteln die Grundhaltung des Heiligen.

Segen

Im Himmel 132
Werde jeder erfüllt vom Segen
Des höchsten Vaters
Auf der Erde
Werde jeder erfüllt vom Segen
Seines geliebten Sohnes
Zusammen mit dem Heiligen Geist dem Tröster
Mit allen himmlischen Kräften
Und allen Heiligen 27,40–31

Diese Segensformel steht am Schluß des Testaments (149).

Entreiße meinen Geist

Die feurige und honigsüße Kraft 133
Deiner Liebe
Entreiße meinen Geist
Ich bitte dich Herr
Von allem unter dem Himmel

Damit ich sterbe
Aus Liebe zu deiner Liebe
Du hast dich herabgelassen
Zu sterben
Aus Liebe zu meiner Liebe 31

Dieses Gebet stammt sicher nicht von Franz von Assisi. Es existiert schon vor ihm und ist in sehr vielen Kreisen bekannt. Es handelt sich hier um ein beliebtes «Wandergut». Als solches kommt es auch in den Gebrauch von Franz. Wenn es auch nicht von ihm stammt, spiegelt es doch sein Gottesbild wider: Feuer und Honig, Liebe und Gegenliebe.

Ich danke dir

134 Ich danke dir
Herr Gott
Für all meine Schmerzen

Ich bitte dich
Mein Herr
Füge hinzu
Das Hundertfache
Wenn es dir gefällt

Es wird mir sehr willkommen sein
Wenn du mich nicht schonst
Sondern mich heimsuchst mit Schmerzen

Die Erfüllung
Deines Heiligen Willens
Sei mir überfließender Trost 33

Dieses Gebet ist nur von Bonaventura überliefert. Es ist Franz von Assisi in den Mund gelegt, als Antwort auf umstehende Mitbrüder, die ihn bitten, zu Gott zu beten, er solle doch die Schmerzen lindern. Das Gebet entspricht der Grundhaltung, die in 25 umschrieben ist (102; 116).

Heilige Gottesgebärerin

135 Heilige Gottesgebärerin
Süß und anmutig

Bitt für uns
Beim König

Der sich dem Tod ausgeliefert hat
Bei deinem süßesten Sohn
Unserm Herrn
Jesus Christus

Daß Er
Durch Seine zärtlichste Milde
Und kraft Seiner heiligsten Menschwerdung
Und Seines bittersten Todes
Uns losspreche
Von unsern Sünden
Amen 32

Dieses Gebet ist inhaltlich franziskanisch. Ob die Form von Franziskus stammt, ist bis heute noch ungeklärt.

Friedensgebet

Herr **136**
Mach mich zu einem Werkzeug deines Friedens
Laß mich Liebe bringen in den Haß
  Verzeihung in die Schuld
  Einheit in die Zwietracht
  Wahrheit in den Irrtum
  Glauben in den Zweifel
  Hoffnung in die Verzweiflung
  Licht in das Dunkel
  Freude in die Traurigkeit

Herr
Laß mich mehr danach trachten
  zu trösten als Trost zu finden
  zu verstehen als Verständnis zu finden
  zu lieben als Liebe zu finden

Im Geben empfange ich
Im Michvergessen finde ich mich
Im Verzeihen erfahre ich Verzeihung
Im Sterben stehe ich auf zum ewigen Leben 34

Dieses Gebet ist heute in den meisten Gebetbüchern Europas als Gebet von Franziskus abgedruckt. Doch stammt es sicher nicht von ihm. Es ist vielmehr ein Produkt des 20. Jahrhunderts. Bisher konnte die vermutete lateinische Vorlage nicht gefunden werden. 1917 ist ein Franziskaner beim Dritten Orden von Metz auf Visitation. Zum Abschluß überreicht er ein Erinnerungsbild. Die Vorderseite zeigt Franziskus mit der Drittordensregel, die Rückseite bringt dieses Gebet mit Quellenangabe und einer persönlichen Bemerkung. Die Quelle «Souvenir Normand» ist nicht mehr auffindbar. Es handelt sich bei diesem Gebet also um eine persönliche Lesefrucht eines Franziskaners. Die persönliche Bemerkung begründet, warum er dieses Gebet dem täglichen Beten der franziskanischen Laien empfiehlt. Sie könnten in der ständigen Wiederholung dieses Gebetes in jene Grundhaltung hineinwachsen, die Franz von Assisi beseelt hat. Damit hat er auch angezeigt, in welchem Sinne dieses Gebet franziskanisch genannt werden darf (134). Das Gebet kommt dann in der Zwischenkriegszeit nach England und während des Zweiten Weltkriegs nach Deutschland, wo es zur Antwort auf eine große Sehnsucht wird.

6. Meditation des eigenen Lebens

So gab der Herr mir, dem Bruder Franziskus, mit der Buße 137
zu beginnen: Als ich voller Sünden war, erschien es mir widerlich und bitter, Aussätzige zu sehen. Der Herr führte mich zu ihnen, und ich empfand Mitleid mit ihnen. Als ich von ihnen wegging, wurde in Süßigkeit für Seele und Leib verwandelt, was mir vorher widerlich und bitter erschienen war. Nur kurze Zeit blieb ich und ging dann aus dieser Welt.

Der Herr gab mir so viel Vertrauen in die Kirche, daß ich 138
einfach bete und sage: Wir beten dich an, Herr Jesus Christus, hier und in all deinen Kirchen auf der ganzen Welt. Wir segnen dich. Denn durch dein Kreuz hast du die Welt erlöst (132).

Dann gab mir der Herr und gibt mir immer noch zu den 139
Priestern, die nach der Form der Römischen Kirche leben, aufgrund ihrer Weihe so großes Vertrauen. Wenn sie mich auch verfolgten, ich würde trotzdem bei ihnen Zuflucht nehmen wollen. Wäre ich so weise wie Salomo und fände ich in den Gemeinden, in denen sie leben, armselige, der Welt verhaftete Priester, ich wollte nicht gegen ihren Willen predigen. Diese und alle anderen will ich fürchten, lieben und ehren wie meine Herren. Ich will in ihnen nicht die Sünde wahrnehmen. Ich erkenne in ihnen den Sohn Gottes, und sie sind meine Herren. Dies tu ich, weil ich in dieser Welt von dem höchsten Gottessohn nichts leiblich sehe außer Seinem Heiligsten Leib und Seinem Heiligsten Blut. Sie empfangen es, und sie allein reichen es anderen. Ich will, daß dieses heiligste Geheimnis über alles verherrlicht, angebetet und an kostbaren Orten aufbewahrt wird. Seine

heiligsten Namen und Worte, die niedergeschrieben sind und die ich an unerlaubten Orten finde, will ich sammeln. Ich bitte, daß sie gesammelt und an ehrenvollem Ort hingelegt werden. Alle Theologen und Diener am heiligsten göttlichen Wort müssen wir hochachten und ehren. Sie spenden uns Geist und Leben (46–49; 108–112).

140 Nachdem der Herr mir Brüder gegeben hatte, zeigte mir niemand, wie ich leben sollte. Der Höchste selbst offenbarte mir, daß ich nach der Form des heiligen Evangeliums leben müsse. Ich ließ es in wenigen einfachen Worten aufschreiben, und der Herr Papst bestätigte es mir (1–6; 47; 148).

141 Viele kamen, um das Leben zu empfangen. Sie gaben alles, was sie gerade hatten (Tob 1,3), den Armen. Sie waren zufrieden mit einer einzigen Kutte, innen und außen geflickt, mit einem Strick und den Hosen. Wir wollten nicht mehr besitzen (22–33).

142 Wir beteten das Stundengebet, die Kleriker wie andere Kleriker, die Laienbrüder das Vaterunser. Wir hielten uns sehr gern in den Kirchen auf.

143 Wir waren ungebildet und allen untertan. Ich arbeitete mit meinen Händen. Ich will arbeiten. Ich will sehr wohl, daß alle anderen Brüder eine ehrbare Arbeit tun. Wer es nicht kann, soll es lernen. Nicht aus Gier nach Arbeitslohn, sondern damit er ein Beispiel sei und den Müßiggang vertreibe. Wenn uns einmal kein Arbeitslohn gegeben wird, wollen wir fliehen zum Tisch des Herrn und, um Almosen bittend, von Haus zu Haus gehen (28–29; 40–42).

144 Der Herr offenbarte mir, daß wir zum Gruß sagen sollen: Der Herr gebe dir Frieden (45; 102; 136).

Die Brüder sollen sich hüten, Kirchen, ärmliche Unterkünfte und alles, was für sie gebaut wurde, anzunehmen, außer sie wären so, wie es sich für die heilige Armut geziemt, die wir in der Regel versprochen haben. In ihnen sind wir immer Fremdlinge, Ankömmlinge und Pilger (1 Petr 2,11; 141). 145

Ich befehle allen Brüdern im Gehorsam nachdrücklich, daß sie sich, wo sie auch seien, nicht erdreisten, einen Brief von der Römischen Kurie zu erbitten, sei es selbst oder über einen Dritten, sei es für die Kirche oder für einen anderen Ort, sei es im Blick auf Verkündigung oder im Blick auf Verfolgung. Wer irgendwo nicht aufgenommen wird, soll in ein anderes Land fliehen und dort Buße tun mit dem Segen Gottes (48). 146

Ich will sehr wohl dem Generalminister dieser Gemeinschaft gehorchen und jedem Guardian, den er mir geben will. So will ich gefangen sein in seinen Händen, damit ich nicht gehen und nichts gegen den Gehorsam und gegen seinen Willen tun kann. Denn er ist mein Herr. Wenn ich auch einfältig und schwach bin, will ich doch immer einen Kleriker bei mir haben, der mit mir das Stundengebet betet, wie es in der Regel vorgeschrieben ist. Und alle anderen Brüder sollen es ebenso halten, ihren Guardianen gehorchen und das Stundengebet der Regel gemäß beten. Sollten sich einige finden, die das Stundengebet nicht nach der Regel beten, die es auf irgendeine Weise abändern wollen oder die nicht katholisch sind, sind alle Brüder überall im Gehorsam aufgefordert, wo sie einen solchen finden, diesen dem nächsten Kustoden vorzuführen. Der Kustos soll nachdrücklich im Gehorsam verpflichtet sein, ihn Tag und Nacht streng zu bewachen wie einen Menschen im Gefängnis, damit er seinen Händen nicht entfliehen kann und 147 er ihn persönlich in die Hände seines Ministers übergeben kann. Der Minister soll nachdrücklich im Gehorsam verpflichtet sein, ihn durch solche Brüder zu schicken, die ihn Tag und Nacht bewachen wie einen Menschen im Gefängnis, damit sie ihn der Sorge des Herrn von Ostia übergeben, der der Herr, Beschützer und Erzieher der ganzen Gemeinschaft ist (9–21; 46–49).

148 Die Brüder sollen nicht sagen: Dies ist eine andere Regel. Dies ist nämlich Erinnerung, Ermahnung, Aufmunterung und mein Testament, das ich, der armselige Bruder Franziskus, euch gebe, meine gesegneten Brüder, damit wir die Regel, die wir dem Herrn versprochen haben, katholischer befolgen. Der Generalminister, alle anderen Minister und die Kustoden sollen im Gehorsam verpflichtet sein, diesen Worten nichts hinzuzufügen und nichts von ihnen wegzunehmen. Sie sollen diese Schrift immer bei sich haben, zusammen mit der Regel. An allen Kapiteln sollen sie, wenn sie die Regel vorlesen, auch diese Worte lesen. All meinen Brüdern, den Klerikern und den Laien, untersage ich im Gehorsam nachdrücklich, an der Regel und diesen Worten zu deuteln und zu sagen: So wollen wir dies verstehen. Denn so wie mir der Herr einfach und rein die Regel und diese Worte zu sagen und aufzuschreiben auftrug, so sollt ihr sie einfach und ohne Deutelei verstehen und sie mit heiliger Wirkung befolgen bis ans Ende (1–6; 140).

149 Jeder, der dies befolgt, werde im Himmel erfüllt vom Segen des höchsten Vaters. Auf der Erde werde er erfüllt vom Segen Seines geliebten Sohnes, zusammen mit dem Heiligsten Geist, dem Tröster, mit allen himmlischen Kräften und allen Heiligen. Ich, Bruder Franziskus, euer armseliger Diener, stärke euch innerlich und äußerlich, so sehr ich es kann, mit diesem heiligsten Segen (132). 27

Das Testament ist in vieler Hinsicht bedeutsam:

- *Für das Selbstverständnis des Heiligen:* Es ist nicht eigentlich Franz, der handelt, sondern die Gnade Gottes in ihm und durch ihn. Solche Akzente setzt später Martin Luther: die Gnade allein (121). Gott gab mir, mit dem neuen Leben (Buße) zu beginnen. Er hat mich unter die Aussätzigen geführt. Er gab mir Vertrauen in die Kirche. Er gab und gibt mir selbst zu armseligen, der Welt verhafteten Priestern Vertrauen. Er hat mir geoffenbart, daß ich nach der Form des heiligen Evangeliums leben müsse. Das Leben ist nicht seine Tat, sondern das Wirken Gottes.
- *Für den Charakter des Heiligen:* Gerade diese Meditation am Ende seines Lebens ist getragen von Regungen, die dem romantischen und nazarenischen Bild des Franz von Assisi widersprechen. Er macht Konzessionen: Ursprünglich will er keine Niederlassungen (9), hier beugt er sich den Notwendigkeiten späterer Entwicklungen. Voraussetzung ist aber, daß die Brüder sich als Menschen verstehen, die in dieser Welt keine Heimat haben und nur vorübergehend als Gäste verweilen dürfen (innere Armut), und daß die Bauten ärmlich sind und andern gehören (materielle Armut). Er wehrt sich mit Händen und Füßen, wenn der Orden sich päpstliche Macht und rechtlichen Schutz zueignet, mit denen er sich innerhalb der Großkirche durchsetzen könnte. Er ergrimmt sozusagen innerlich, wenn er sieht, wie sich die Gemeinschaft in verschiedene Tendenzen auflöst, die sich nicht mehr im Gehorsam zugewandt bleiben (147). Er erzittert, wenn er sieht, wie antikatholische Kräfte sich breitmachen.
- *Für das Verhältnis von Charisma und Institution:* Der Aufbruch zu neuen Horizonten des Lebens kommt immer von unten her. In der Unmittelbarkeit zu Gott werden die Propheten und Heiligen geboren. Aber sie müssen sich mühen, ihre Erkenntnis und ihr Abenteuer, ihr ganz per-

sönliches und gemeinschaftsbegründendes Charisma in das Kräftespiel und die Einheit der Kirche einzubringen. Dazu braucht es einen institutionellen Rahmen (46–49) und sehr viel Geduld und Mut (140).

- *Für das Verhältnis von Wort und Sakrament:* Hier wird deutlich, wie Franziskus das Wort als Voraussetzung des Sakramentes einstuft: Er will darum, daß beiden die gleiche Ehrfurcht zukommt. Darin geht er über gleichzeitige päpstliche Maßnahmen hinaus, die sich bloß auf das Sakrament beziehen. Bei Franziskus ist noch beisammen, was später völlig auseinanderfällt: die «Kirche des Wortes» und die «Kirche des Sakramentes» (139).
- *Für das Verhältnis von Gesetz und Evangelium:* Noch einmal betont Franziskus, daß er keine neue Gesetzlichkeit begründen, sondern bloß die unmittelbare Lebendigkeit und Radikalität des Evangeliums zu Worte kommen lassen will. Da darf es keine Kasuistik geben, keine Exegese, die alles mehr verdunkelt als erhellt (148).

All diese Punkte machen verständlich, warum Franz von Assisi bis heute eine Faszination ausübt, über alle Konfessionsgrenzen hinweg.

Zeittafel

1152–1254	Zeit der Stauferherrschaft in Deutschland und Italien.
1152–1190	Kaiser Friedrich I. (Barbarossa).
1173–1198	Assisi unter der Herrschaft der Staufer.
1182 (1181)	Franz wird in Assisi geboren.
1189–1192	Dritter Kreuzzug (Kaiser Friedrich I. ertrinkt 1190 im Fluß Salef, Kleinasien).
1190–1197	Kaiser Heinrich VI.
1193/94	Geburt Claras in Assisi.
1198	Aufstand der Bürger von Assisi gegen den Adel. Ausrufung der Unabhängigkeit des Stadtstaates.
1198–1216	Pontifikat Innozenz' III. Assisi wird Teil des Kirchenstaates.
1202–1204	Vierter Kreuzzug. Eroberung Konstantinopels.
1202	Städtekrieg zwischen Assisi und Perugia mit der entscheidenden Schlacht bei Collestrada. Franz in Kriegsgefangenschaft in Perugia.
1203	«Friedenscharta» – Sieg des Adels über die Bürger von Assisi. Franz kehrt nach Assisi zurück.
1204/05	Auf dem Weg nach Apulien bereits in Spoleto von einem Traum auf andere Gedanken gebracht. Rückkehr nach Assisi. Lebenswende.
ca. 1205–1208	Pflege von Kranken und Aussätzigen, Wallfahrt nach Rom, Enteignung vor dem Bischof von Assisi, Wiederherstellung von drei Kapellen.

1209	Evangelium von der Aussendung der Apostel in Portiuncula. Die ersten Gefährten.
1209–1229	Albigenserkreuzzüge.
1210 (1209)	Mündliche Bestätigung der Urregel durch Innozenz III.
1210	Freiheitscharta in Assisi: Sieg der Bürger über den Adel.
1212–1250	Kaiser Friedrich II. (geboren am 26.12. 1194 in Jesi bei Ancona).
1211	(18./19.3.) Franz kleidet Clara ein: Gründung der Schwesterngemeinschaft von San Damiano.
1212	Franz will als Missionar ins Heilige Land, wird aber infolge stürmischer Witterung nach Dubrownik (Kroatien) verschlagen. Rückkehr nach Assisi.
1214	Franz will auf dem Fußweg als Missionar nach Marokko, muß aber wegen Krankheit in Santiago de Compostella umkehren.
1215	IV. Laterankonzil.
1216–1227	Pontifikat Honorius' III.
1216	Anerkennung des Dominikanerordens.
1217 (14. Mai)	Wichtiges Pfingstkapitel bei Portiuncula. Einteilung des Ordens in Provinzen.
1217–1221	Kreuzzug.
1218/19	Franziskus begleitet die Kreuzfahrer, um auf diese Weise ins Heilige Land zu gelangen, versucht erfolglos, das Kreuzfahrerheer von der Schlacht abzuhalten. Begegnung mit dem Sultan. Reise ins Heilige Land. Rückkehr nach Italien.
1220	Papstbesuch, Rücktritt von der Ordenslei-

	tung, Hugolin von Ostia Kardinalprotektor des Ordens.
1220/21	Petrus Catanii erster Generalminister des Ordens.
ab 1220	Franz äußert sich in Briefen und Schriften.
1221–1227	Nach dem Tod des Petrus Catanii wird Elias von Cortona Generalminister (1. Amtszeit).
1220/21	Abschluß der Nichtbullierten Regel.
1223	Bestätigung der Endgültigen (bullierten) Regel (29. 11. 1223).
1223 (25. 12.)	Weihnachtsfeier von Greccio.
1224 (um den 14. 9.)	Stigmatisation.
1226 (3. 10.)	Tod des Franz von Assisi.
1226 (4. 10)	Beisetzung in San Giorgio.
1227–1241	Pontifikat Gregors IX.
1228 (16. 7.)	Heiligsprechung des Franz von Assisi (Festtag 4. 10.).
1230 (25. 5.)	Überführung in die Grabeskirche San Francesco.
1234	Heiligsprechung des Dominikus.
1253 (11. 8.)	Tod Claras.
1257–1274	Bonaventura Generalminister.
1262/63	«Großes» und «Kleines Franziskusleben» des Bonaventura.
Anf. 14. Jh.	Legendensammlung der «Fioretti» (Blümlein).
1939	Pius XII. ernennt Franz zum Schutzpatron Italiens.
1980	Johannes Paul II. ernennt Franz zum Patron des Umweltschutzes und beruft
1986	Weltgebetstreffen für den Frieden nach Assisi.

Literaturhinweise

Dieses Buch will den Eindruck der Wissenschaftlichkeit bewußt vermeiden. Es verdankt seine Entstehung vielen Büchern. Jene sollen namentlich genannt werden, die entweder den Inhalt am unmittelbarsten bestimmen oder durch wörtliche Zitate vertreten sind.

Auerbach, E.: Mimesis. Dargestellte Wirklichkeit in der abendländischen Literatur, Bern 1946.

Boros, L.: Im Leben Gott erfahren, Olten 1976.

«Compilatio Assisiensis» dagli Scritti di fr. Leone e Compagni su S. Francesco d'Assisi. I edizione integrale dal Ms. 1046 di Perugia con versione italiana a fronte, introduzione e note a cura die Marino Bigaroni, Assisi 1975.

Dirks, W.: Der revolutionäre Heilige. Zur Spiritualität des Franz von Assisi, anläßlich seines 750. Todestages, in: Süddeutsche Zeitung vom 9. Oktober 1976.

Eßer, K.: Studien zu den Opuscula des hl. Franziskus von Assisi, Rom 1973.

– Opuscula des hl. Franziskus von Assisi. Neue textkritische Edition, Grottaferrata 1976.

Franziskanische Quellenschriften I–IX, Werl/Westfalen 1953 ff.

Fromm, E.: Haben oder Sein. Die seelischen Grundlagen einer neuen Gesellschaft 1976.

Galli, M.: Gelebte Zukunft: Franz von Assisi, Luzern 1970.

Hoffmann-Erbrecht, L.: Laudi, in: Lexikon für Theologie und Kirche VI, 826.

Jungclaussen, E.: Beten mit Franz von Assisi, Freiburg 1976.

Lauter, H.: Franziskus von Assisi und wir, in: Pastoralblatt für die Diözesen Aachen, Berlin, Essen, Köln, Osnabrück, Köln 28 (1976), 290–298.

Ratzinger, J.: Franz von Assisi, in: Pastoralblatt für die Diözesen Aachen, Berlin, Essen, Köln, Osnabrück, Köln 28 (1976), 289.

Rinser, L.: Grenzübergänge. Tagebuchnotizen, Frankfurt 1972.

– Wie, wenn wir ärmer würden – oder: Die Heimkehr des verlorenen Sohnes, Percha 1974.

Rotzetter, A.: Die Funktion der franziskanischen Bewegung in der Kirche. Eine pastoraltheologische Interpretation der grundlegenden franziskanischen Texte, Schwyz 1977.

Schmucki, O.: Das Leiden Christi im Leben des hl. Franziskus. Eine quellenvergleichende Untersuchung im Lichte der zeitgenössischen Passionsfrömmigkeit, in: Collectanea Francescana 30 (1960), 129–145.

– Secretum Solitudinis. De circumstantiis externis orandi penes sanctum Franciscum Assisiensem, in: Collectanea Francescana 39 (1969), 5–58.
Vermeulen, A.: in: Christ in der Gegenwart 1937 (1976), 290.
Whyte, L.L.: Die historischen Ursachen unserer ökologischen Krise, in: M. Lohmann (Hg.): Gefährdete Zukunft – Prognosen angloamerikanischer Wissenschaftler, München 1970.
Zerfaß, R.: Der Streit um die Laienpredigt. Eine pastoralgeschichtliche Untersuchung zum Verständnis des Predigtamtes und zu seiner Entwicklung im 12. und 13. Jahrhundert, Freiburg 1974.

Quellenverzeichnis und Abkürzungen

Das CETEDOC (Centre de Traitement Electronique des Documents) der Universität Löwen hat 1976 aufgrund der textkritischen Edition von K. Eßer die Werke des heiligen Franz von Assisi von 1–29 numeriert. Wir übernehmen diese Zählung und führen sie weiter, wo wir Texte bringen, die nicht der genannten Edition, sondern biographischen oder anderen Quellen entstammen. Demnach bedeuten die Zahlen nach einem Franziskustext:

Die erste Zahl = Werk
Die zweite Zahl = Kapitel
Die dritte Zahl = Satz

1 Admonitiones
2 Canticum fratris Solis vel Laudes creaturarum
3 Chartula fr. Leoni data
4 Epistola ad S. Antonium
5 Epistola I ad Clericos
6 Epistola II ad Clericos
7 Epistola I ad Custodes
8 Epistola II ad Custodes
9 Epistola I ad Fideles
10 Epistola II ad Fideles
11 Epistola ad fratrem Leonem
12 Epistola ad Ministrum
13 Epistola toti Ordini missa, una cum Oratione Onmipotens
14 Epistola ad Populorum Rectores
15 Exhortatio ad laudem Dei
16 Expositio in Pater noster
17 Forma vivendi s. Clarae data
18 Fragmenta alterius Regulae non bullatae
19 Laudes ad omnes horas dicendae
20 Officium Passionis Domini
21 Oratio ante crucifixum dicta
22 Regula bullata
23 Regula non bullata
24 Regula pro eremitoriis data
25 Salutatio Beatae Mariae Virginis
26 Salutatio virtutum
27 Testamentum
28 Ultima voluntas s. Clarae scipta
29 Opuscula dictata

30 Großes haben wir versprochen: Thomas von Celano, in: Analecta Francescana X 940, Quaracchi 1941
31 Entreiße meinen Geist: K. Eßer, Studien 282
32 Heilige Gottesgebärerin: K. Eßer, Studien 286
33 Ich danke dir: Bonaventura, Legenda major, in: Analecta Francescana X, 621
34 Friedensgebet: Th. Desbonnets – D. Vorreux, Saint François d'Assise. Documents: Ecrits et premières biographies, Paris 1968, 177
35 Wiederholungsgebete: Bartholomäus de Pisa, Liber de Conformitate, in: Analecta Francescana V 255–256
36 G. Boccali, Parole di esortazione di S. Francesco alle «poverelle» di S. Damiano, in: Forma Sororum 14 (1977) 59

Nummern im Kommentar verweisen auf andere Texte mit ähnlichem Inhalt.

Benutzungsregister

1. Für die Eucharistiefeier

Damit die Texte liturgisch verwendet werden können, folgt hier ein Register, dem das Schema der Eucharistiefeier zugrunde liegt.

2. Für das Kirchenjahr

3. Themen